Helmut Hochrain

Das Taschenbuch des Pfeifenrauchers

WILHELM HEYNE VERLAG
MÜNCHEN

HEYNE RATGEBER
08/5337

Dieses Buch erschien bereits unter der Band-Nummer 08/4313

Umwelthinweis:
Dieses Buch wurde auf chlor- und säurefreiem Papier gedruckt.

2. Auflage
Neuausgabe 8/2000

http://www.heyne.de
Printed in Germany 2001
Umschlagillustration: Retrograph Archive, London 2000
und Wil. & Rich. Diehl, München
Umschlaggestaltung: Eisele Grafik-Design, München
Gesamtherstellung: RMO-Druck, München

ISBN 3-453-17137-3

Inhalt

Vorwort

Wenn es nicht längst geschehen wäre, das Pfeifenrauchen müßte in unseren Tagen erfunden werden.

In erster Linie, weil die Welt, die Männerwelt meine ich vor allem, ärmer sein würde ohne den schwerelosen Genuß, den Tabakspfeifen schenken. Außerdem aber müßte es als Bremse gegen die böse Unrast einer aus den Fugen geratenen Zeit erdacht werden, als Nervenstabilisator und Gegengewicht wider die immer unerträglicher werdenden Belastungen, die das schnellste und aufregendste aller Jahrhunderte seinen Kindern auferlegt; als Medizin gegen Zeitkrankheiten gewissermaßen.

Eine Pfeife in Betrieb nehmen, bedeutet mehr als das Hinwenden zur reinsten und geläutertsten Form des Tabakgenusses.

Die Pfeife im Mund ist Ausdruck einer männlichen Gesinnung. Auf geheimnisvolle Art kommt es zwischen Raucher und Pfeife zu Wechselbeziehungen, die dem Pfeifenfreund Züge verleihen, die ihn von anderen deutlich abheben. So wird zum Beispiel – als schätzbarste dieser besonderen Eigenschaften – die Ruhe gepriesen, mit der er so sympathisch auf seine Umgebung wirkt.

Vollendet Pfeife zu rauchen ist nicht schwer; jeder kann es zur Meisterschaft bringen. Freilich, auf Anhieb, an einem einzigen Tag etwa, wird sich kaum einem der Raucherhimmel mit all seinen Wonnen öffnen. Ein wenig Geduld und auch einige Regelkenntnisse sind allerdings dazu schon notwendig.

Was ein Mann an Grundsätzlichem und Besonderem vom Umgang mit Tabak und Pfeifen wissen sollte, ist auf den folgenden Seiten in zehn Kapiteln und gleich vielen Lektionen erklärt und beschrieben. Das Buch ist vor allem für die Raucher-Praxis angelegt. Die ist ohnehin amüsanter als alle Theorie.

Die *Lektionen* sind ein Kursus, der den Anfänger in die Lage versetzt, ohne große Mühe das Pfeifenrauchen zu erlernen, und es dem alten, erfahrenen Hasen ermöglicht, seine Kenntnisse aufzufrischen und durch manche neue Einsicht zu bereichern.

In den zwischen die Lektionen eingebetteten *Kapiteln* erfährt der Leser das, was sonst noch vom Tabak und von Tabakpfeifen interessant und wissenswert ist.

Mit der Pfeife im Mund kann ein Mann zu jeder Stunde glücklich sein. Sie läßt ihn Unbill und Zumutungen des Daseins vergessen, sie ist ihm Genossin guter Stunden, ist Trösterin und Sorgenbrecherin.

Durch die flutende Schwerelosigkeit himmelwärts strebender Rauchringe dürfen Männer die Fragwürdigkeit alles menschlichen Strebens getrost belächeln. Denn: Mit der Pfeife im Mund läßt sich's gut leben.

Helmut Hochrain

LEKTION I

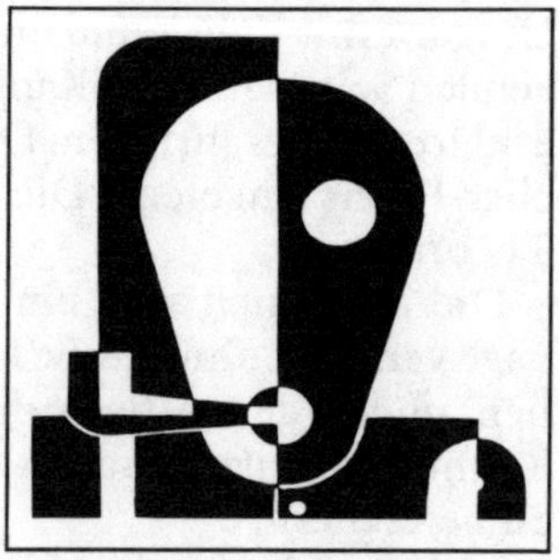

Die Freundschaft zwischen einem Mann und seinen Pfeifen vermag alle Stürme der Zeit zu überdauern; sie widersteht jedweder Anfechtung und zerbricht nicht einmal an den Enthaltsamkeitsappellen eines Hausarztes. Deshalb ist der Kauf jeder neuen Pfeife ein Fest.

Der Erwerb der ersten, der allerersten aber, bedeutet den Beginn eines der aufregendsten Abenteuer im Leben des Mannes. Ein Mann, dessen ›Eheglück‹ ihn vor die Alternative stellt: »Entweder ich oder deine Pfeifen« (in Wirklichkeit meint sie natürlich gar nicht sich, sondern die Gardinen), ein Mann mit dieser Alternative konfrontiert, weiß, was er zu tun hat: Er packt seine Koffer.

Das gute Einvernehmen mit Pfeifen kann ein Leben halten. Doch in einem von zwei Fällen kommt es erst gar nicht zu einem innigeren Verhältnis. Die Freundschaft zerbricht, ehe sie recht begonnen hat. Warum? Wir werden die gewichtige Frage sorgfältig untersuchen und schließlich beantworten.

Wer seine Leidenschaft für ewig binden möchte, sollte sorgfältig und überlegt zu Werk gehen, und deshalb ist der erste Schritt auf dem Weg ins Raucherparadies von ungeheuer wichtiger Bedeutung. Beim ersten Pfeifenkauf entscheidet es sich häufig, was aus uns wird: Ein verwöhnter, umschmeichelter Liebling im Hofstaat von König Tabak – oder einer vom gemeinen Raucherfußvolk.

Wie man eine Pfeife kauft

Frage 1: Wo kaufe ich meine Pfeife?
Eine *Dunhill* oder *GBD*, eine *Peterson* oder *Butz-Choquin*, können Sie in jedem Geschäft mitnehmen, sogar im Supermarkt, falls Sie sie dort bekommen. Sehen Sie sich einmal die europäischen Spitzenmarken auf Seite 170/171 an. Pfeifen aus diesen Häusern – und aus einigen anderen, die zu erwähnen hier nicht möglich war – haben einen beachtlichen Ruf. Sie sind Markenartikel, mit all den Vorteilen für den Käufer, die dieser Begriff umschließt.

Nun ist aber nicht überall eine solch große Marke zu haben, und nicht jedermann ist geneigt, sich von vornherein auf eine von ihnen festzulegen; sie sind auch nicht gerade billig. Für diese Käufer gilt der Grundsatz: Geh zum Schmied und nicht zum Schmiedchen – kaufe in einem guten, möglichst erstklassigen Fachgeschäft!

Ihr Geld werden Sie dort zwar so gut los wie in Omas Kramladen, aber die Leute verstehen etwas von der Materie, sie versuchen erst gar nicht, Ihnen irgendwelchen Ramsch anzudrehen, sie können Ihnen raten und Sie beraten, und sie erledigen auch Reklamationen in der Regel gewissenhaft. (Nur bei Markenpfeifen werden Material- und Verarbeitungsfehler ohne Kosten behoben bzw. es wird Ersatz geleistet.)

Ich kaufe meine Pfeifen seit langem in einem Geschäft, dessen Inhaber das Drechslerhandwerk erlernt hat. Da wird ein zerbrochener Holm, ein kaputtes Mundstück schnell zu einem erschwinglichen Preis repariert. Aber soviel Glück wie ich hat natürlich nicht jeder.

Frage 2: Aus welchem Material soll die erste Pfeife sein?
Aus Bruyèreholz und aus nichts anderem. Dazu ein Mundstück aus Natur(Para)-Kautschuk oder aus dem selteneren Metagrillato (Lucite), einer Kunstharzverbindung, die dauerhaft tiefschwarz und glänzend bleibt, sich jedoch härter »beißt« als Para.

Frage 3: Wie viele Pfeifen muß ein Anfänger und wie viele soll ein passionierter Raucher haben?
Eine Pfeife ist zu wenig, zwei sind nicht genug, drei schon besser, das wenigste sind vier. Genug Pfeifen kann ein Mann nie haben. Das Zusammenleben mit unseren Pfeifen ist keine Einehe. (Deshalb ist es auch so amüsant!) Bedenken Sie: Da raucht ein Mann, ein starker Raucher, den lieben langen Tag immer aus derselben Pfeife. Das Kondensat des Tabaks und der eigene Speichel dringen in die feinen Poren des Holzes. Schließlich ist es nicht mehr aufnahmefähig, sondern tropfnaß und riecht wie ein Abwasserkanal. Das sottert und knattert, da schmeckt der beste Tabak wie Galle, das ist kein Genuß, sondern eine Plage. Für den Mann selbst und für jeden, der mit ihm zu tun hat.

Deshalb: Ein Herr muß ständig mindestens zwei Pfeifen bei sich haben, damit eine davon ausruhen, kühl werden und trocknen kann. Wem die Umstände es gestatten, der sollte keine öfter als einmal am Tage leerrauchen. Es gibt Tabakenthusiasten, die betrachten es als eine Art von Sakrileg, wenn die Pausen zwischen zwei Rauchopfern weniger als 14 Tage betragen. Aber das ist schon ausgesprochener Pfeifen-Snobismus.

Die Tagespfeifen haben am Abend unter allen Umständen Ruhe. *Eine* Feierabendpfeife ist nach dem zuvor Gesagten aber entschieden zu wenig, denn wir möchten doch meistens länger aufbleiben, als ein Pfeifenkopf voll Tabak braucht, um zu verglimmen. Deshalb ist Nummer vier fällig.

Wer die Mindestausstattung erst einmal hat, sieht bald ein, daß sieben Pfeifen besser sind als vier, und ist das Dutzend schließlich erreicht, gehört man schon halbwegs dazu, zum geheimen Orden, zum Clan der Pfeifenraucher.

Und wo beginnt der Luxus?

Ach, was heißt schon Luxus? Ich habe einmal dabeigestanden, wie sich in einem Münchner Spezialgeschäft ein Mann eine Zweitausendmarkpfeife kaufte. Das muß ein Millionär sein, dachte ich, ein Ölscheich oder etwas Ähnliches. Nachher haben wir bei einem Espresso noch ein wenig auf der Maximilianstraße zusammengesessen und gefachsimpelt. Er war kein Nabob, Gott bewahre, Lehrer war er, Studienrat an einem Städtischen Gymnasium. Ein ganzes Jahr hatte er gegeizt, gespart, sich alle jene kleinen Annehmlichkeiten versagt, die das Leben hübsch und amüsant machen, nur um seine Prinzessin heimführen zu dürfen. Dafür war die *Straight Grain,* die er erwarb, auch eine Blaublütlerin von reinsten Graden. Eine von denen, die selbst einen Moralisten zum Stehlen verführen könnte.

Luxus? Verschwendung? Spleen? Vielleicht. Ich hätte den Mann trotzdem umarmen mögen.

Es gibt auch andere. Einen kenne ich. Er bekleidet eine wichtige Stellung in einem Industriewerk. Solange ich das Vergnügen seiner Bekanntschaft genieße, raucht er aus einer allereinzigen Pfeife. In diesem Rauchapparat verqualmt er von früh bis abend – halten Sie sich bitte fest – Stumpenabschnitte. Der durch die ständige Überbeanspruchung unansehnlich und garstig gewordene, übelriechende Jauchetopf ist der Schrecken aller, die mit ihm zu tun haben. Aber solche Menschen sind gar keine Menschen – das sind Leute.

Merken Sie bitte: Für den Anfänger mit dem Normalportemonnaie ist es vernünftiger, sich zunächst mehrere Pfeifen der guten Mittelpreisklasse anzuschaffen, und dafür – wenigstens vorläufig – auf den Kauf eines teuren ›Stars‹ zu verzichten.

Frage 4: Was kostet eine Pfeife?

Zweitausend Mark – wie wir soeben sahen. Doch gibt es auch welche für dreißig Mark.

Manche Menschen möchten im Leben alles ganz billig, am liebsten halb umsonst haben. Das Haus und das Auto, die Frau, die Urlaubsreise, den Wein und den Tabak. Doch auf dieser Welt ist nichts wahrhaft Gutes zugleich auch billig. Ein Sarg vielleicht ausgenommen, weil er für die ganze Ewigkeit hält.

Die nicht eben selten zu hörende Meinung, Pfeifenrauchen sei viel billiger als jede andere Form des Tabakgenusses, ist der blanke Unsinn.

Es geht überhaupt nicht an, so ungleiche Dinge wie z. B. Zigarettenpaffen und ruhiges Pfeifenrauchen zu vergleichen, und billig und teuer sind ohnehin unsichere und niemals genau fixierbare Begriffe.

Mögen Filze und Geizhälse ihr Vergnügen daran finden, selbstgebauten Tabak Marke ›Rangierbahnhof-Nordseite‹ in Instrumenten, die das Wort Pfeife nicht verdienen, zu verbrennen – wer einen der köstlichsten Genüsse, die die Erde für uns Staubgeborene bereithält, für sich entschlüsseln möchte, muß sich dieses Vergnügen etwas kosten lassen.

Wem seine Leidenschaften aber nichts wert sind, der lasse die Finger gefälligst von Pfeife und Rauchtabak.

Die dreißig Mark, die Sie an einem Kiosk schnell für die erste Pfeife ausgeben wollten, nehmen Sie besser und werfen sie auf die Straße. Auf diese Weise ersparen Sie sich eine Menge Ärger. Unzählige Männer kommen nicht in den Raucherhimmel, weil ihre erste Pfeife nichts taugte. Verärgert, beleidigt und abgestoßen, mit brennender Zunge und bitterem Geschmack im Mund kapitulieren sie nach dem ersten Versuch und kehren zu den alten Rauchunsitten zurück.

Deshalb brauchen wir, wie schon gesagt, jetzt noch nicht unbedingt eine Diva für einige Hunderter, aber die erste Pfeife sei mindestens eine der guten Mittelklasse.

Nur in einer guten Pfeife entwickelt sich Wohlgeruch, Bukett und Aroma, herbe Würze und satte Süße des Tabaks zur ganzen Fülle. Billige und damit zwangsläufig aus Holz minderer Güte geschnittene und flüchtig verarbeitete Pfeifen, mit rutschenden Mundstücken, sind am Anfang, wie für die Zukunft, zum genußvollen Rauchen nicht zu gebrauchen.

Zwischen achtzig und neunzig Mark wird der Preis für unsere erste Pfeife liegen. Es dürfen auch hundert Mark sein. Lieber etwas mehr investieren. (2000)

Frage 5: System oder nicht?

Nicht bei allen Pfeifen kommt der Rauch direkt von der Brandstelle über Holm und Rohr zum Mund. Es gibt eine Unzahl ›Systeme‹, bestehend aus eingebauten Metallröhren, Kühlschlangen und -gewinden, Sottertöpfen etc. etc., durch die der Rauch gekühlt, gereinigt, denikotiert und geläutert werden soll. Viele haben den Sinn, Flüssigkeit zu beseitigen oder aufzusaugen.

Wert und Vorteile solcher Systeme sind umstritten. Sie sind häufig schlecht zu reinigen. Sich ihrer zu bedienen, ist vorrangig eine Geschmacksfrage. Ich habe mir nie Systempfeifen gekauft, und bei den wenigen, die man mir schenkte, nahm ich vor dem Anrauchen zuerst immer alles, was von dem System abzumontieren war – Erfinder und Produzenten mögen mir verzeihen – heraus und warf es weg. Mit dieser persönlichen Auffassung soll der Wert der Systeme jedoch nicht pauschal in Frage gestellt werden.

Anders als diese Systeme, haben Filter in Tabakspfeifen für deutsche Raucher einen beachtlichen Stellenwert. Die mit Aktivkohleteilchen, Kieselgurkörnchen, Meerschaumgranulat u.ä. gefüllten Patronen absorbieren teilweise Feuchtigkeit und Rauchinhaltstoffe wie Teer, Nikotin etc. Weil vor allem Anfänger zunächst häufig mit Problemen, wie Nässe in der Pfeife und Zungenbrennen zu tun haben, können Filter nützliche Hilfe leisten. Wichtig ist, die Patronen häufig – möglichst nach jeder leergerauchten Pfeife – zu wechseln. Großvolumige Filter haben 9 mm Durchmesser, dünnere 6 mm. Papierfilter binden in der Regel allerdings nur Nässe.

Ob System ja oder nein, ob mit oder ohne Filter – das ist keine ideologische Frage, sondern in erster Linie eine Sache des Geschmacks und der individuell verschiedenen Art Pfeife zu rauchen.

Frage 6: Groß oder klein, lang oder kurz?
Sogenannte Shagpfeifen mit ihren kleinen Köpfen taugen vor allem für schnellbrennende Feinschnittabake.

Anfänger sollten sich mit ihnen nicht einlassen. Shagtabake rauchen sich leicht heiß, sie kommen dabei gar nicht dazu, ihr feines Aroma zu entfalten. Die Pfeifen werden naß. Nur gewitzten Pfeifenfüchsen gelingt es, Shagpfeifen trokken zu rauchen.

Noch vor ein paar Jahren hätte ich niemandem zu so einer Fünfminutenpfeife geraten. In unserer Zeit mit ihrem Gehaste und täglichen Nonstopkampf hat aber auch die Shagpfeife ihren Platz. Nicht immer ist genug Gelegenheit und Muße, einen großen Pfeifenkopf leerzurauchen. In der Arbeitspause, zwischen zwei Terminen, beim Warten vor Zimmern, in denen das Rauchen nicht gestattet ist, im Theaterfoyer, nach dem Frühstück oder immer dort, wo die Zeit knapp ist, mag die Shagpfeife jedoch gute Dienste leisten.

Gerade weil sie mancherlei Untugenden hat, sollte man sie nur in guter Qualität und allerbester Verarbeitung anschaffen und die gerade bei diesem Typ besonders zahlreichen im Handel befindlichen Stücke minderer Güte auf der Seite lassen.

Das Mundstück der Shagpfeife soll, weil sich der heiße Rauch darin besser abkühlt, länger sein, als wir es von großköpfigen Pfeifen gewöhnt sind.

Für Krüll- und Grobschnitt brauchen wir geräumige Pfeifen. Weil Grobschnitt bei uns nur noch in bestimmten Pfeifen-Sonderformen geraucht wird, Gesteckpfeifen, Porzellanpfeifen o. ä., darf er bei den folgenden Betrachtungen unberücksichtigt bleiben.

Zu den Krüllschnitten zählen wir auch die von den Herstellern als ›exclusive Rauchtabake‹ deklarierten Mixtures und die unter 1,5 mm Schnittbreite liegenden Cavendish-Zubereitungen, obgleich diese letzteren nach dem deutschen Tabaksteuergesetz zu den Feinschnitten gehören und auch als solche banderoliert werden. Zur Klärung der Begriffe nennen wir Krüllschnitt, Mixture und Cavendish-Zubereitung in Zukunft in der Regel kurz ›Rauchtabak‹.

Leicht oder schwer?
Leichtgewichtige Pfeifen (schon ab 10g) sind in der Regel aus gutem Holz, sehr schwere Pfeifen machen mich skeptisch. Natürlich ist das Gewicht immer in einer Relation zur Größe des Stückes zu beurteilen. Die Schwere spielt vor allem für jene eine große Rolle, die bereits mit den dritten Zähnen kauen.

Dünnwandige Bruyèrepfeifen – wir sprechen in dieser und den nächsten Lektionen nur von Pfeifen aus Bruyèreholz – sind meistens sehr elegant, schnittig in der Form und schmeicheln der Hand. Ihre Aufnahmefähigkeit für die beim Rauchen entstehenden Kondensate sind aber beschränkt; sie werden leicht heiß und schmecken deshalb nur, wenn sie sorgfältig geraucht werden und viel Zeit zum Ausruhen haben. Anfänger greifen vorerst besser zu derberen Exemplaren mit einer soliden, kräftigen Holzwand.

Die Größen der Pfeifenköpfe variieren. Sie müssen es von Natur aus, weil sie bekanntlich nicht gestanzt werden können wie Hosenknöpfe. Wir brauchen Pfeifen zu allen möglichen Gelegenheiten, deshalb ist es uns auch nur recht, wenn in dem einen Kopf mehr, in dem anderen weniger Tabak Platz findet.

Dem Eleven sei zur Orientierung eine Maß-Faustzahl genannt: Ein Kopf, der ohne Rücksicht auf die Holzstärke ca. 45 mm hoch ist und einen Durchmesser von ca. 35 mm über alles hat, gilt als ›normales‹ Modell und ist zum Rauchen von Pfeifentabak gut zu gebrauchen. Im übrigen heißt ein Grundsatz: Je größer der Kopf – um so günstiger der Verbrennungsprozeß des Tabaks.

Die meisten Bruyèrepfeifen finden sich in den Gesamtlängen zwischen 14 cm und 18 cm einschließlich Mundstück. Das wäre also etwa der empfehlenswerte Durchschnitt. An geruhsamen Feierabenden läßt sich aus den langrohrigen, sogenannten ›Churchwarden‹, Lese- oder Fernsehpfeifen (26–28 cm lang und länger) trefflich kühl schmöken.

Pfeifen mit stark nach unten gebogenem Holm und Mundstück besitzen einen besonders günstigen Schwerpunkt und sind deshalb allen anzuraten, die Rücksicht auf ihre Zähne zu nehmen haben. Sie rauchen sich besonders trocken, haben in der Regel voluminöse Köpfe und sind schlechterdings der Inbegriff der Gemütlichkeit. Sie sind freilich auch schwerer zu reinigen als die mit den kurzen und geraden Mundstücken.

Frage 7: Welche Form?

Gutem Tabak ist es egal, welche Form das Gefäß hat, in dem er verglimmt. Er schmeckt in jeder guten Pfeife gut.

Uns freilich ist es nicht gleichgültig, wie die Pfeife aussieht, die wir uns in den Mund stecken. Nicht allein die Geschmacks- und Geruchsnerven sind am Rauchprozeß beteiligt, sondern auch Augen und Hände, und unser Schönheitsempfinden ist es auch.

In der zweiten Lektion wollen wir die Frage sieben beantworten.

1. Kapitel
Die besten der Welt: Bruyèreholzpfeifen

Eine Anekdote ist nicht deshalb gut, weil sie wahr ist, sie ist gut, wenn sie Charakter und Eigenarten einer Person, die öffentliches Interesse verdient, treffend widerspiegelt.

Die Deutschen verehren in Immanuel Kant ihren größten Denker. (Wahrscheinlich tun sie es um so bereitwilliger, als den meisten seiner Landsleute die Schriften des Königsberger Professors gänzlich unverständlich sind.)

Kant war Junggeselle und ein Sonderling. Obwohl er selbst rauchte und schnupfte, schrieb er: »Das gemeinste Mittel der Reizung von Sinnesempfindungen ist der Tabak, es sei ihn zu schnupfen, oder durch Pfeifenrohre oder durch einen angezündeten Zigarro zu rauchen.«

Sein Bedarf an Tabak war übrigens bescheiden. Er leistete sich täglich nur eine einzige Tonpfeife voll. Ein Freund mußte immer gleich sieben für die Woche im voraus stopfen. Als dieser Freund starb, schrieb der gemütvolle Philosoph für seinen Diener eine lakonische Anweisung: »Von nun an auch pfeifestopfen!«

In seiner Zerstreutheit soll er einmal den Finger einer neben ihm am Tisch sitzenden Dame als Pfeifenstopfer benützt haben. (Bezüglich des Wahrheitsgehaltes der mitgeteilten Anekdoten verweise ich ausdrücklich auf das am Eingang zu diesem Kapitel Gesagte.)

Im folgenden werde ich vom Entstehen *der* Pfeifen berichten, die heute mit Abstand die beliebtesten und verbreitetsten auf der Welt sind: von den Bruyèreholzpfeifen.

Aus Holzpfeifen raucht der Mensch schon lange. Wahrscheinlich gleichzeitig mit den Tonpfeifen, also im 17. Jahrhundert, begann man auch solche aus Holz herzustellen.

Als Material sollen am Anfang alle Arten von Hölzern recht gewesen sein; mit der Zeit traf man dann eine gewisse Auswahl und bevorzugte hartes Material, das sich gegenüber der Glut des Tabaks als widerstandsfähig und unempfindlich erwies.

In Deutschland massierte sich die Pfeifenherstellung auf den Raum von Ulm, auf Rhula in Thüringen, und auch in und um Nürnberg wurden in größerem Umfang Pfeifen produziert. Am häufigsten verwendete man knollige Holzverbildungen und -wucherungen, weil diese sich für die Drechslerarbeit besonders gut eigneten, relativ feuerfest waren und außerdem die begehrten, schönen Maserungen zeigten. Die Pfeifen wurden durchwegs als lange und halblange Gesteckpfeifen hergestellt, ähnlich denen, wie sie heute noch hier und da bei Förstern, Jägern und älteren Landbewohnern zu sehen sind. Die meistens dreiteilige Pfeife (Kopf, Wassersack und Gesteck oder Mundstück) wurde durch ein Kettchen zusammengehalten. Fast alle Pfeifen waren mit Metall, häufig mit Silber, kunstvoll beschlagen. Drechseln und Beschlagen zerlegte man bald in zwei getrennte Fabrikationsvorgänge, die von verschiedenen Manufakturen besorgt wurden.

Man kannte Ulmer und Ungarn-Köpfe, Thüringer Aufsatzpfeifen, Coburger, Bozener (Tiroler) oder Bündner-Pfeifen und noch eine ganze Reihe anderer Modelle.

Besonders die Ulmer ›Maserköpfe‹ brachten es zu hohem Ansehen und großer Berühmtheit. Die ihre Fabrikationsgeheimnisse eifersüchtig hütenden Ulmer machten alle Welt glauben, sie stellten ihre Pfeifen aus dem Holz der im Donaudelta häufig vorkommenden Sumpferlen her. In Wahrheit aber verwandten sie Buchsbaumholz, das seiner guten Eigenschaften wegen damals allgemein als das beste für die Pfeifenherstellung galt.

Für unsere heutigen Geschmacksbegriffe dürften sich die Pfeifen aus jener Zeit nicht besonders gut geraucht haben. Das Holz gab seinen nicht immer feinen Eigengeschmack an den Tabak ab. Die Pfeifen waren nur schwer trockenzurauchen und sauberzuhalten. Vor allem aber brannten sie häufig durch. Gegen solche Unzuträglichkeiten schützte man sich, indem man die Köpfe kurzerhand innen mit Blech ausschlug. Dieser barbarischen Methode muß man in gewissen Gegenden heute noch huldigen, denn ich las im Prospekt eines Pfeifenherstellers, daß er Gesteck- oder Jägerpfeifen auch »ausgeblecht« liefere. (In unseren Tagen sind die Gesteckpfeifen so gut wie gänzlich verschwunden. Wo sie noch angeboten werden, sind der Kopf und meistens auch der Wassersack aus Bruyèreholz angefertigt. Damit hat sich die Tauglichkeit und der Genußwert dieser Pfeifen erheblich vergrößert.)

Die heute mit Recht so sehr beliebten Bruyèreholzpfeifen stammen nicht von den eben geschilderten historischen Holzpfeifen ab. Ihre Vorbilder waren die Tonpfeifen.

Wann zum erstenmal eine Pfeife aus Bruyèreholz geformt wurde, ist ungewiß. Es steht lediglich zu vermuten, daß es schon um 1800 herum eine bescheidene Produktion in Spanien gab. Man weiß also nicht, wer die für die Pfeifenraucher so ungeheuer wichtige Entdeckung machte, daß sich das Wurzelholz der Baumheide (Erica arborea) besser als jedes andere zur Pfeifenherstellung eignet. Wer immer es gewesen war, ihm gebührt der Dank und die Anerkennung von Generationen von Tabakbrüdern in aller Welt.

Um das Jahr 1850 entdeckten Bewohner des im französischen Jura gelegenen Städtchens Saint Claude-sur-Bienne ein Holz, aus dem Hirten Gebrauchsgegenstände verschiedenster Art schnitzten. Die Leute von St. Claude drechselten damals Pfeifen hauptsächlich aus Buchen- und Nußbaumholz, aus Buchsbaum und dem Holz der wilden Kirsche. Doch waren sie auch beständig auf der Suche nach einem Werkstoff, der in sich alle Eigenschaften vereinigen sollte, die man an ein ideales Rohmaterial für die Pfeifenfabrikation stellen mußte. Bei jenen Hirten fanden sie das Bruyère (frz. Bruyère = Heidekraut). Saint Claude-sur-Bienne ist heute noch die größte geschlossene Pfeifenproduktionsstätte der Welt.

Bruyèreholz ist im Mittelmeerraum zu Hause. Es wird aus den Wurzelknollen der drei bis vier Meter hohen Baum-Erika, einer Verwandten unseres Heidekrautes, gewonnen.

Diese Baumheide wächst wild, sie läßt sich nicht kultivieren. Alle Versuche, sie nach gärtnerischen und forstwirtschaftlichen Prinzipien anzupflanzen – die Amerikaner haben es in Florida unter optimalen Klima- und Bodenverhältnissen versucht – sind gescheitert. Bruyèreholz kommt aus Tunesien, Algerien, Marokko, von den Kanarischen Inseln, aus Spanien, Italien, Dalmatien, Korsika, Sardinien, Griechenland und der Türkei. Die für die Pfeifenherstellung benötigten Hölzer sind Verdickungen (Knollen) am Wurzelhals der Pflanze.

Die Wurzeln werden ausgegraben, an Ort und Stelle von Erdreich und Nebentrieben gesäubert und regelmäßig mit Wasser benetzt und vor Sonneneinwirkung geschützt. Nach der Lagerzeit kommen die Knollen zur Säge. Dort richtet der *Coupeur*, der Zuschneider, die formlose Holzmasse auf gebräuchliche, handliche Stücke, auf *Ebauchons*, zu.

Die Coupeurs sind großartige Meister ihres Faches. Neben eminentem Können und großer Erfahrung müssen sie eine Art von geradezu nachtwandlerischer Sicherheit für ihren Beruf mitbringen. Diese Begabung versetzt sie in die Lage, aus dem groben Wurzelholz nicht nur möglichst große Ebauchons, sondern auch solche von hoher Qualität herauszuholen. Hier wird die Güte des späteren Endproduktes, der Tabakpfeife also, bereits mit entschieden.

Die Ebauchons werden nach Größe und Qualität sortiert. Üblich sind vier Güteklassen: Extra – Prima – Race – Secunda. Manche Erzeugergegenden klassifizieren nur in zwei Sorten. Maßgebend für die Kostbarkeit der Ebauchons ist die Maserung. Am beliebtesten sind lupenreine Stücke mit eng senkrecht aufstrebenden Linien, aus denen später die so sehr begehrten und seltenen *Straight grains* entstehen. Gleichmäßige Rankenmaserung heißt *flamnings.* Sehr beliebt und kostbar sind auch die ovalrunden ›Vogelaugen‹, die *Birds eyes.* Für Reliefpfeifen – besser als ›sandstrahlgeblasene‹ bekannt – eignen sich besonders algerische Erika-Wurzeln. Sie haben eine sehr harte Maserung, aber weiches bis schwammiges Füllholz, das sich bei der Behandlung mit dem Sandstrahlgebläse verhältnismäßig leicht entfernen läßt.

Nach dem Sortieren werden die Klötze in kupfernen Behältern 30 Stunden und länger gekocht, um Harz und Pflanzensäfte zu entfernen. Hierbei nehmen sie die bekannte schöne rötliche Färbung an. Anschließend werden sie mehrere Wochen in Spezialschuppen getrocknet und hierauf in Säcke oder Ballen gepackt, die zwischen 24 und 130 Dutzend Klötze enthalten. In diesen Emballagen treten die Ebauchons den Weg zu den Pfeifenfabriken an.

Lehrmeister für die Kunst, Bruyèreholzpfeifen zu fertigen, waren die Pfeifendrechsler von Saint Claude. Sie haben nicht nur in ihrer Heimat eine blühende Kleinindustrie aufgebaut, sondern sie gingen auch in die Fremde und ließen andere an ihrem Können teilhaben. So ist zum Beispiel die für die Raucherwelt richtungweisende englische Pfeifenindustrie ohne die Mithilfe der Meister aus Saint Claude nicht denkbar. Bevor wir einen Blick in eine Pfeifenfabrik werfen, ein Wort zum Alter des Bruyèreholzes:

So ungern die Tabakfabrikanten über das Aromatisieren der Tabake sprechen, so schweigsam werden die Pfeifenhersteller, wenn das Gespräch auf das Alter des verwendeten Bruyèreholzes kommt. Abgesehen von Reklame-Bla-Bla wie »Sehr altes Holz« – »Das älteste Holz« – »Lang gelagertes Holz«, ist nichts Genaues zu erfahren. Die Folge solcher Verschwiegenheit sind die oft unsinnigsten Gerüchte und Mutmaßungen in Kreisen der uninformierten Verbraucher.

Die vielzitierten hundertjährigen Hölzer kommen bestimmt nicht in den Handel. Selbst wenn es so alte Wurzelstöcke gäbe, wären sie zur Pfeifenherstellung wahrscheinlich gar nicht einmal zu gebrauchen. Das ideale Holzalter sollte zwischen 30 und 60 Jahren liegen.

Wenn das Holz gut abgelagert ist, frühestens ein Jahr, nachdem die Bruyèrewurzeln ausgegraben wurden, kann mit der Pfeifenherstellung begonnen werden.

Zuerst wird das Holz kalibriert, d.h. der Meister an der Kreissäge gibt dem ›Kantel‹, wie die Ebauchons bei uns genannt werden, die gewünschte Höhe, Stärke und Länge. Dann kann die Formgebung an der Drehbank beginnen. Zunächst dreht der Drechsler den Pfeifenkopf, dann wird der Holm je nach Profil gedreht oder gefräst. Die am Holmansatz verbleibenden Holzüberstände können in der Regel nicht maschinell entfernt werden; hier muß mit Raspel und Feile qualifizierte Handarbeit geleistet werden. Der Rauchkanal wird gebohrt und plangedreht. Mit höchster Genauigkeit werden an der nächsten Station Holm und Mundstück zusammengepaßt. Hiernach wird die Pfeife ›geschachtelt‹, d.h., der Drechsler glättet sie an der Schleifscheibe. Früher verwendete man zu diesem Arbeitsvorgang Schachtelhalm.

Zwischen 40 bis 80 Arbeitsvorgänge sind notwendig, um aus einem rohen Kantel eine fertige Pfeife entstehen zu lassen. Weil nicht alle Verrichtungen von Maschinen ausgeführt werden können, spielt die handwerkliche Finesse und gefühlvolle Kunstfertigkeit eine bestimmende Rolle. In den Fabrikationswerkstätten sagt man: »Ein schlechter Handwerker kann aus dem besten Bruyèreholz eine miserable Pfeife machen. Aber auch der größte Könner vermag unmöglich aus mittelmäßigem Bruyèreholz eine erstklassige Pfeife zu zaubern.«

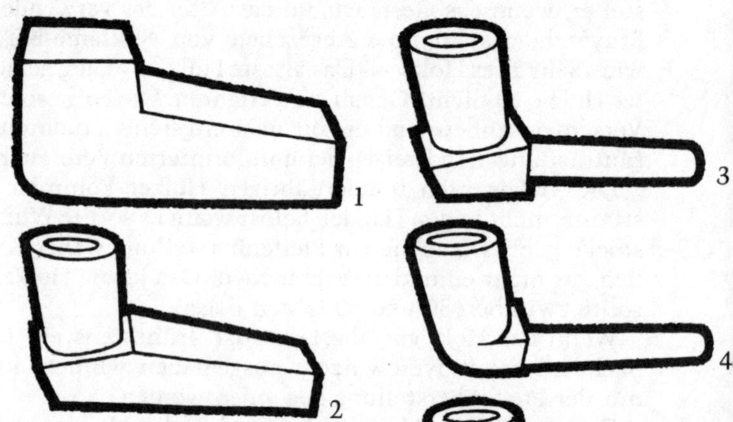

Werdegang des Kopfes einer geraden und einer gebogenen Pfeife (Stecker).

Werdegang einer Pfeife

1. Zugeschnittener Block (Ebauchon, Kantel) 2. Kopf drehen, 3. Holm drehen, 4. Kopf fräsen, 5. Hand formen.

Die so entstandenen Köpfe werden einer neuerlichen Qualitätskontrolle unterworfen. In Frankreich und England kennt man acht Qualitätsstufen (A, B, C, Mixte Anglais, Mixte Français. 2. Wahl, 3. Wahl, 4. Wahl und Abfall). In anderen Ländern gibt es nur vier Klassen: Gut, mittel, schlecht und Abfall.

Qualität A ist ein Kopf ohne die geringsten Fehler mit einwandfreier Maserung sowohl am Kopf als auch am Holm.

Qualität B ist ebenfalls fehlerfrei, mit schöner Maserung am Kopf.

Qualität C ist fehlerfrei, jedoch mit glatten, ungemaserten Stellen unten am Kopf und am Pfeifenschaft.

Mixte Anglais darf nur kleine Fehler an einer wenig sichtbaren Stelle haben.

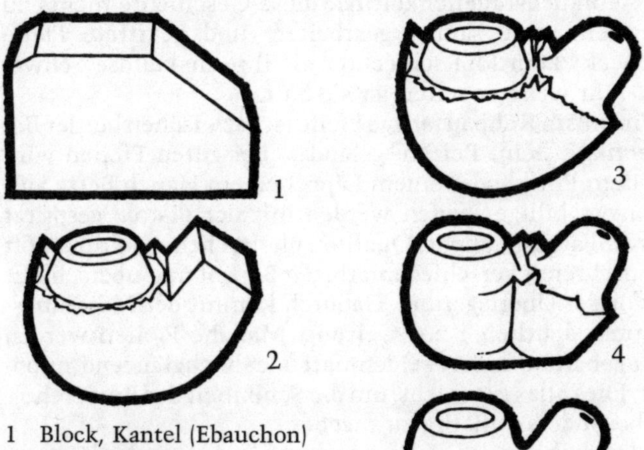

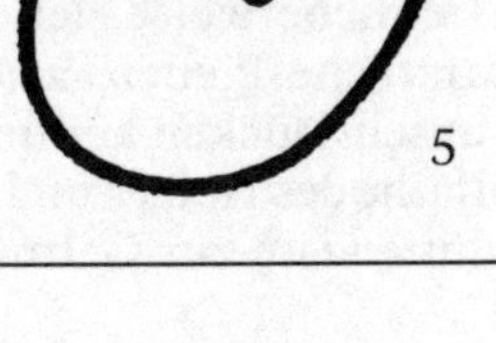

1 Block, Kantel (Ebauchon)
2 Kopf gedreht
3 Holm gedreht
4 Kopf gefräst
5 Kopf fertig geformt

Diese Qualitätsauslese bezweckt vor allem, die Extrastücke auszusortieren. Pfeifenrauchen ist mindestens zu einem Teil eine Liebhaberei, bei der gefühlsmäßige, mit dem Rechenschieber nicht belangbare Umstände eine sehr wichtige Rolle spielen. Deshalb ist die Gebrauchstauglichkeit für den Wert eines Stückes auch nicht allein entscheidend. Der Wunsch der meisten Pfeifenfreunde nach Stücken von absoluter Unversehrtheit und mit ungewöhnlich schöner Maserung ist verständlich – aber leider unerfüllbar. Die Sache ist leicht zu verstehen: ca. 96 bis 98% aller Pfeifenrohköpfe weisen kleine oder größere Unregelmäßigkeiten auf, die von Einschlüssen, von Steinchen und Sandkörnern, von Insektenbohrgängen, kurz von Verletzungen unterschiedlichster Art herrühren. Diese Oberflächenausbrüche müssen mit einem Spezialmittel gekittet werden. Kitt ist demnach die Regel und lediglich Größe und Anzahl der Kittstellen für die Einstufung maßgeblich. So besehen erscheinen die astronomischen Preise für kittfreie Pfeifen mit einer besonders schönen Maserung in einem anderen Licht. Nur mit der Gebrauchstauglichkeit hat diese Geschichte nichts zu tun, denn eine sauber gearbeitete und gekittete Pfeife schmeckt kein Jota schlechter als ihre makellose Schwester. Nur weniger selten ist sie halt.

Unsere im Rohbau fertige Pfeife ist inzwischen bei der *Badigennage,* beim Beizen, gelandet. Bei guten Pfeifen wird mit dem Pinsel oder einem Läppchen ein Hauch Beize aufgetragen; billige Pfeifen werden mit der Pistole gespritzt oder in Farbe getaucht. Qualitätspfeifen behandelt man oft mit mehreren verschiedenfarbigen Beizen und überschleift sie vor der Überlagerung. Dadurch kommt der Maserungskontrast deutlicher zur Geltung. Manche Pfeifen werden matt gehalten, andere seidenmatt oder hochglänzend aufpoliert. Dies alles geschieht, um die Schönheit des Bruyèreholzes besonders auffällig zu machen.

Erfreulicherweise sieht man heute auch wieder häufiger naturfarbene Pfeifen, also ungebeizte, in den Geschäften. Bei diesen Stücken kommen die oft bestechend schöne Originalfarbe des Holzes und die reizvollen Maserungen auf das verblüffendste zur Geltung.

Beinahe alle Pfeifen dunkeln unter dem Einfluß der Hitze mit der Zeit etwas nach. Bei dieser letzten ›Reifung‹ wird die Färbung des Holzes noch schöner und die Maserung ausdrucksvoller. Früher wurden Bruyèreköpfe gelegentlich ›maturiert‹, d.h. man ließ in das Holz Rum, Wein, Punsch u.ä. eindringen. Dieses Verfahren ist so gut wie ganz aus der Mode gekommen.

Einen besonderen Bearbeitungsgang machen die sehr beliebten *Reliefpfeifen,* die sandgeblasenen oder sandstrahlgeblasenen, durch. Diese Art von Pfeifen ist für Raucher wie Hersteller ein wahres Glück. Der Konsument schätzt sie wegen ihres guten Aussehens, ihrer Griffigkeit und wegen des angenehm kühlen Rauchens. Der Verarbeiter kann, dank ihnen, gutes Bruyèreholz, das für die Herstellung glatter Köpfe nicht geeignet ist, doch noch einer sinnvollen Verwendung zuführen.

Bei der Fertigung wird mit Hilfe eines Sandstrahlgebläses das weiche, schwammige Holz weggepustet. Die festeren Maserpartien treten in ihrer ganzen Schönheit hervor.

Scharf zu unterscheiden von den vorgenannten, durch Behandlung mit dem Sandstrahl entstandenen, hochwertigen Reliefpfeifen sind jene, deren Reliefs mit Hilfe von Schnitz- oder Fräsmaschinen geschaffen wurden. Sie laufen unter der Bezeichnung *Rustica* und sind am besten daran zu erkennen, daß sich Stücke gleicher Serie ähneln wie ein Ei dem anderen. In der Regel sind es Pfeifen von geringer Qualität. Wäre es anders, hätte man ihre natürlichen Vorzüge hervorgehoben und nicht verdeckt.

Über die verschiedenen Formen, die Fassons der Bruyèrepfeifen berichten wir auf den Seiten 32ff. ausführlich.

Noch ein Tip für den Pfeifenkauf: Achten Sie darauf, daß die Bohrung des Holmes nicht zu eng ist. Sie soll möglichst waagerecht in den Boden des Pfeifenkopfes stoßen. Liegt sie höher als die Sohle des Kopfes, wird das Rauchen aus einer solchen Pfeife mitunter problematisch, weil an ihrem Grund ein unverbrannter, nasser Tabakrest zurückbleibt.

Bevor die fertige Pfeife in ein, je nach ihrem Wert, mehr oder weniger kostbares Bettchen – sprich Etui oder ähnliches – gelegt wird, muß das Mundstück eingedreht werden.

Gute Mundstücke sind nicht gepreßt, sondern sehr sorgfältig gedreht, gefräst, geschliffen und poliert. Sie müssen von erfahrenen Spezialisten in Handarbeit in den dazugehörigen Kopf gepaßt werden. Am tadellos gearbeiteten Mundstück erkennt der Fachmann oft die Qualität einer Pfeife.

Die Bruyèreholzpfeife – die *Briar,* wie sie in England heißt – ist zur Tabakspfeife unserer Zeit geworden. Sie befriedigt nicht nur alle Wünsche nach vollendetem Genuß, die Formen, mit denen sie heute präsentiert werden, entsprechen jener geschmackvollen Sachlichkeit, die wir bei den Dingen schätzen, mit denen wir es täglich zu tun haben.

Von Freunden, von jungen vornehmlich und solchen, die es im Pfeifenrauchen noch nicht zum Meister gebracht haben, werde ich oft gefragt, welches die besten Pfeifen sind und ob hinter dem ›englischen Trend‹ mancher alten Pfeifenfüchse nicht doch so etwas wie ein gelinder Snobismus stecke. Die Frage ist heikel, ich will ihrer Beantwortung trotzdem nicht ausweichen:

In Deutschland werden heute – sieht man einmal von dem billigen Ramsch ab – Tabakspfeifen gefertigt, die nach Gebrauchswert, Fasson und Holzqualität gut, zum Teil auch sehr gut sind. Ich besitze selbst eine ganze Reihe von ihnen, und es ist nicht eine einzige dabei, die ich nicht mit großem Vergnügen immer wieder zur Hand nähme. Deutsche Pfeifen haben zudem den Vorteil, auch für normale Geldbörsen geschneidert zu sein. Die deutschen Pfeifen sind, darüber gibt es keine Diskussion, ihr Geld wert.

Englische Pfeifen sind anders. Sie sind teuer, manche sogar sündenteuer und wahrscheinlich teurer, als sie es zu sein brauchten. Diese Eigenschaften teilen sie mit alten Kunstwerken und edlen Steinen.

Um sie ist etwas vom Air leicht verrotteter Aristokratenklüngel, etwas von der Distinktion und Diskretion von Barclays-Bank, sie lassen an die Pferde von Newmarket denken und an das hochmütige Eton. Sie erinnern an ein Schloß, das Blackmoor heißen muß, an Highlands und zwanzigjährigen Whisky. Eine ›London made‹ in die Hand nehmen, kann wie die Berührung der Haut einer Frau sein, von der man weiß, daß man mit ihr eine Sünde begehen wird. Wer zum Sündigen kein Talent hat, sollte seine Finger von englischen Pfeifen lassen.

Ich weiß, daß die Engländer das Pfeifenschneiden von den Leuten aus Saint Claude gelernt haben und daß sie heute noch einen Teil ihrer ›Rohlinge‹ aus dem Städtchen im französischen Jura beziehen. Ich gestehe, daß mir solche Tatbestände vollkommen gleichgültig sind. So gleichgültig, wie es mir schnuppe ist, woher Bulgari die Werke für seine kostbaren Chronometer bezieht oder wo die Chanel ihre Schneiderlehre absolvierte (wenn sie derartiges jemals überhaupt tat). Die Mode der Welt wird in Paris gemacht. Es spricht manches dagegen, daß das unbedingt sein muß. Für viele Pfeifenraucher ist der Nabel der Welt London. Es kann wahrscheinlich gar nicht anders sein.

Die Engländer haben mehr als irgendeine andere Nation für die Entwicklung der Rauchkultur getan. Das kann in jeder Geschichte des Tabaks nachgelesen werden. Sie haben aber auch den modernen Stil des Pfeifenrauchens geprägt, selbst wenn manchmal auf dem Festland die Meinung zu hören ist, sie seien allzu konservativ dabei vorgegangen. Schließlich wird nirgends auf der Welt soviel und mit gleich selbstverständlichem Anstand Pfeife geraucht wie auf den britischen Inseln. Man kann über englische Tabake verschiedener Meinung sein. Ich weiß, daß es sehr ernstzunehmende Gourmets gibt, die als das Beste an ihnen nicht ihren Geschmack, sondern ihren Ruf loben. Aber ich habe noch niemand getroffen, der an einer Pfeife von *Ben Wade, GBD, Orlik* oder *Dunhill* etwas auszusetzen gehabt hätte. Den Preis vielleicht ausgenommen. Aber den hat man spätestens nach einem halben Jahr verschmerzt.

Natürlich leben die Londoner mit ihrem gesunden Geschäftssinn zu einem guten Teil von der Renommiersucht und dem Geltungsbedürfnis einer europäischen Snob-Society. Aber auch unsere deutsche Tabak- und Pfeifenindustrie profitiert vom Glanz und Renommee der Stadt an der Themse, wenn sie Pfeifen im *London style* (nach Londoner Art) und Tabake der englischen Geschmacksrichtung unters Volk bringt.

LEKTION II

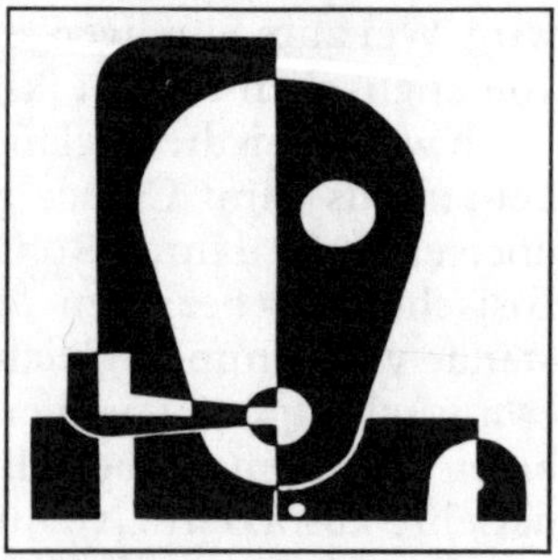

Im 21. Jahrhundert haben es die Raucher gut.

Nicht zu allen Zeiten war es möglich, einfach in ein Geschäft zu gehen und nach Lust und Laune – und den Möglichkeiten des Geldbeutels, versteht sich – aus den Schätzen des Händlers auszuwählen, was das Herz begehrt.

Noch vor reichlich 200 Jahren, man rauchte damals bevorzugt Tonpfeifen, blieben die Lieferungen der Pfeifenfabrikanten häufig lange Zeit aus. Da wurden die Tabaköfchen arg teuer, und wer bei den Sündenpreisen nicht mithalten konnte, tat sich wohl oder übel mit dem Freund, dem Nachbarn oder deren gleich zwei und drei zu einer Art von Raucher-Zwangsgenossenschaft zusammen. Da lutschte man dann zu mehreren an einer einzigen tönernen ›Mutz‹.

Geschmeckt muß es den Leuten – trotz allem – haben. Womit wir es verdient haben, daß es uns um so vieles besser geht? Im letzten Krieg und in der schlimmen Zeit danach stellte es nicht selten einen Akt der Kameradschaft oder den Beweis der Zusammengehörigkeit dar, den anderen an der Zigarette oder an der eigenen Pfeife ziehen zu lassen.

Heute ist das Thema völlig indiskutabel. Man benützt ja auch nicht fremde Zahnbürsten. Benützt werden aber sogar von Leuten von einiger Lebensart häufig die zurückgelassenen Tabakpfeifen früherer Geschlechter. Das geschieht bisweilen zum Gaudium oder aus Neugierde, oder weil man

Von Pfeifenformen, Mundstücken und dem richtigen ›Biß‹

glaubt, die drei Dutzend Pfeifen des verstorbenen Großonkels müßten eben wieder in Gang gebracht werden.

Wie man es damit hält, ist eine Frage des guten Geschmacks – und der Hygiene. Früher – und soviel ich weiß, geschieht das hier und dort auch heute noch – hat man das Lieblingspferd eines Verstorbenen nicht mehr gesattelt. Ich meine, man sollte auch die Pfeifengeister ruhen lassen, wenn ihr Herr eines Tages nicht mehr ist.

Aus der ersten Lektion wissen wir, daß unsere Premiere-Pfeife aus Bruyèreholz sein muß, daß wir uns gleich oder ziemlich bald vier Stück kaufen und dabei keine schottische Sparsamkeit an den Tag legen sollen. Auch Größe und Taillenweite unserer Zukünftigen ist uns bereits bekannt. Doch wie soll sie aussehen?

Eine Pfeife ist kein Zahnstocher, den man benützt und danach wegwirft. Einmal gekauft, wird sie zu einem Teil unserer Persönlichkeit. Deshalb stecken sich erfahrene Männer auch nicht irgendein Ding in den Mund, sondern wählen mit Bedacht, was ihnen zu Gesicht steht.

Nie jemals zuvor war das Angebot an Pfeifenformen so vielfältig und verwirrend wie heutzutage. Der Tisch ist auch für den Verwöhntesten und Extravagantesten gedeckt. Nur umschauen muß man sich und nicht das Nächstbeste nehmen, und ein wenig auskennen in der Typologie der

Pfeifenformen, Modelle oder *Fassons,* wie es die Fachleute nennen, sollte man sich auch.

Bei Bruyèreholzpfeifen – von diesen ist vorläufig noch ausschließlich die Rede – stoßen wir zunächst auf die sogenannten ›klassischen‹ Formen.

Favorit unter diesen ist die *Billiard.* Eine ausgewogene, wunderbar wohlproportionierte Form mit starker Betonung der Senkrechten (Abb. Seite 32). Sie wird im Handel häufig auch als *Londonform* oder *Londonkopf* geführt.

Charakteristisch an der nächsten, der *Dublin* (Abb. Seite 32) ist, daß die Innenwände des Pfeifenkopfes senkrecht verlaufen, während die Vorderfront geschrägt ist. Sie ist auch mit geschweiften und gebogenem Mundstück zu haben. Eigentlich ist sie eine – freilich äußerst gelungene – Variation der Billiard.

Ebenfalls nicht verleugnen kann ihre Verwandtschaft mit der Billiard die Form *Pot* (Abb. Seite 32). Wir haben es hier

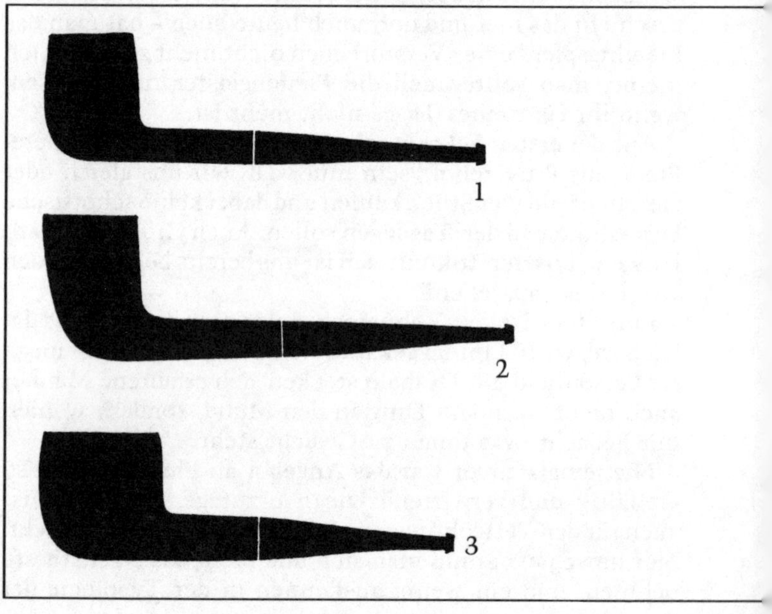

mit meist sehr kräftigen Stücken mit gedrungenem Kopf zu tun. Sie liegen vorzüglich in der Hand.

Ganz anders präsentiert sich der *Stand-up Poker* (Abb. Seite 33). Eine Pfeife von, man möchte sagen, zeitloser Modernität. Der Kopf zylindrisch, fast kantig wirkend, Boden und Unterkante des Holms sind plangefräst und geschliffen. Der Stand-up Poker ist eine äußerst praktische ›Standpfeife‹.

Die *Churchwarden* (zu deutsch etwa ›Kirchenvorsteher‹ oder auch ›Hochwürden‹ Abb. Seite 33) wird sowohl mit Billiard- als auch mit Dublinkopf hergestellt. Sie ist selten weniger als zwei normale Pfeifen lang, und ob mit geradem oder leicht gebogenem Mundstück – immer spendet sie einen angenehm kühlen Rauchstrom. Weil sie während des Rauchens so gut wie keine Aufmerksamkeit für sich fordert, ist sie vor allem als Lese- und Fernsehpfeife besonders geschätzt.

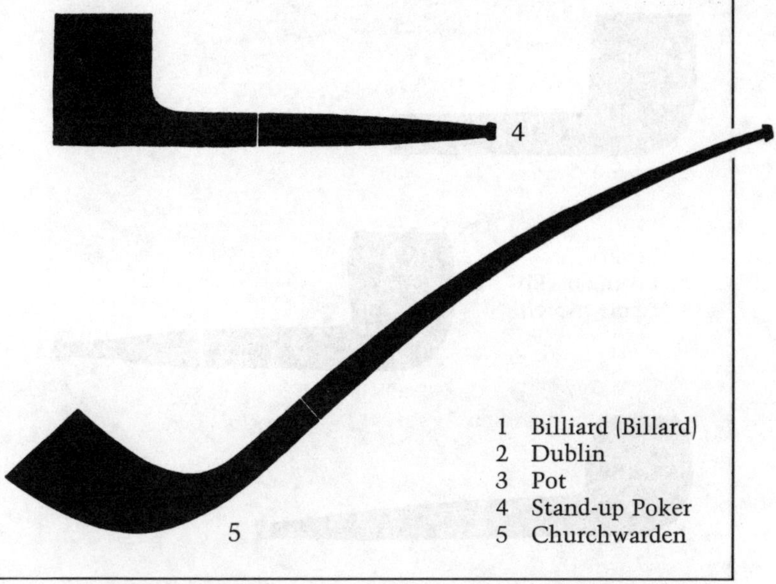

1 Billiard (Billard)
2 Dublin
3 Pot
4 Stand-up Poker
5 Churchwarden

Warum Pfeifenformen durchwegs englische Bezeichnungen tragen, ist leicht zu erklären: Einmal sind die Sitten und Gebräuche der Pfeifenraucher in allen Kontinenten ähnlich und eine unkomplizierte Verständigung in einer Weltsprache deshalb von Haus aus erwünscht; zum anderen hat keine Nation die Rauchkultur so nachhaltig gefördert und befruchtet wie die englische. Das gilt nicht nur für historische Zeiten, sondern auch für die Entwicklung in unserem Jahrhundert.

Paradestücke vollendeter Formgebung sind die Pfeifen des Designs *Lovat* (Abb. Seite 34). Am langen Holm sitzt das kurze typische Mundstück. Der Kopf entspricht der Form Billiard. Glücklich darf sich schätzen, wer so ein feines Stück besitzt.

Eine wundervolle, sehr ausgeglichene Variante der Form Billiard ist auch die *Liverpool* (Abb. Seite 34). Ihr Inneres ist in Richtung auf den Holm etwas eingezogen.

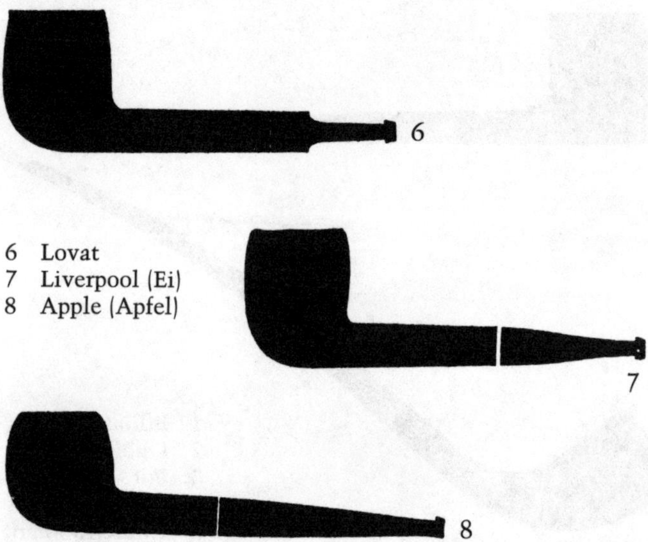
6 7 8

6 Lovat
7 Liverpool (Ei)
8 Apple (Apfel)

Repräsentativ für die runden gedrungenen Pfeifenformen mögen hier *Apple* (Abb. Seite 34) und *Prince* (früher *Tomate* Abb. Seite 35) stehen. Die letztere wird vielfach auch mit gebogenem Mundstück angeboten.

Es folgt eine Gruppe von Typen, die durch die rundkantigen Köpfe (Noppenköpfe) auffallen. Es sind Pfeifen von betont sportlichen Formen. Sie werden deshalb mit Vorliebe im Freien geraucht, zum Beispiel beim Segeln, Golf, beim Fahren im offenen Wagen und beim Camping. Die markantesten Vertreter dieser Sparte sind *Cad* (auch *Haiti*), *Bulldog* und *Bullcap* (auch *Napf* Abb. Seite 35 und Seite 36).

Als eine auffallend interessante Gestaltung präsentiert sich die *Army* (Abb. Seite 36). Sie hat den uns nun schon vertrauten Billiard-Kopf und eine Mundstücksform, die *Stekker* heißt und uns noch öfters begegnen wird. Der Stecker, nach ihm wird manchmal die ganze Pfeife benannt, hat kei-

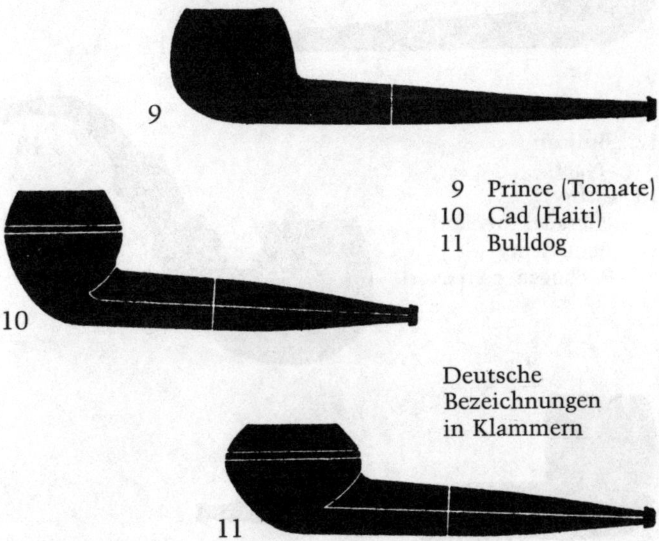

9 Prince (Tomate)
10 Cad (Haiti)
11 Bulldog

Deutsche Bezeichnungen in Klammern

nen Zapfen, das Mundstück wird also direkt in den Holm eingeführt. Gegen das Ausbrechen des Holzes ist der Pfeifenschaft deshalb durch einen hülsenartig geformten Metallring *(Virole)* – bei teuren Pfeifen ist er in der Regel aus Silber – geschützt.

Bequeme, gemütvolle Exemplare mit einem für empfindliche Zähne wohltuend günstig liegenden Schwerpunkt sind gebogene Pfeifen (Abb. Seite 36 und Seite 37):

Die *Bent Army,* Schwester der Army und ebenfalls ein Stecker, die *Bent,* auch *Ei gebogen* genannt und nichts weiter als eine gebogene Liverpool und die exotisch wirkende *Bent Albert.* Ihr trompetenförmiger Kopf kann die Verwandtschaft mit der afrikanischen Kalabasch-Pfeife (s. Seite 42) nicht verleugnen. Schließlich ist da noch die durch die feste Form ihrem deutschen Namen ›*Gebogene Bulldog*‹ alle Ehre machende *Bent Rhodesian* (Abb. Seite 37).

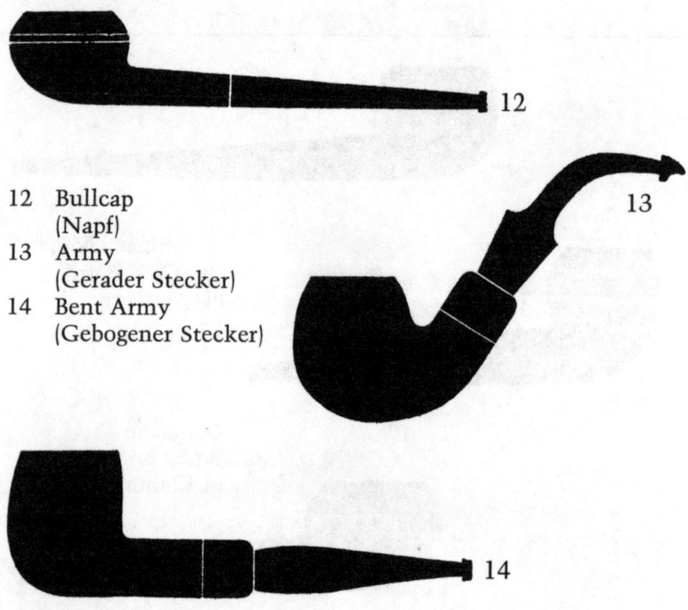

12 Bullcap (Napf)
13 Army (Gerader Stecker)
14 Bent Army (Gebogener Stecker)

Am Schluß dieser Aufzählung klassischer Pfeifenformen möge eine Gattung stehen, die durch ihre besonders subtile handwerkliche Verarbeitung besticht: Die *facettierten Pfeifen.* Sie sind von berückender Eleganz, schlank, grazil und in den Proportionen vollendet ausgewogen. In der Reihenfolge der Abbildungen auf Seite 38 und Seite 39 begegnen wir zuerst der *Panel Billiard,* auch *Ovalfacettierte Billiard* genannt, und dann finden wir noch vier verschiedene Pfeifenformen von gemäßigter Modernität.

Die meisten Pfeifenformen werden in verschiedenen Größen angeboten. Es ist nicht ganz leicht, sich über die Klassifizierung ein genaues Bild zu verschaffen, weil beinahe jede Firma ein eigenes Prinzip für die Einteilung hat. Grob gesehen und etwas verallgemeinernd kann man von vier Dimensionen sprechen:

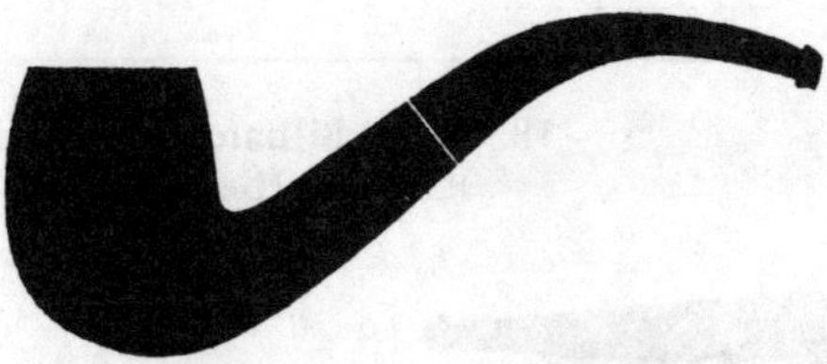
15

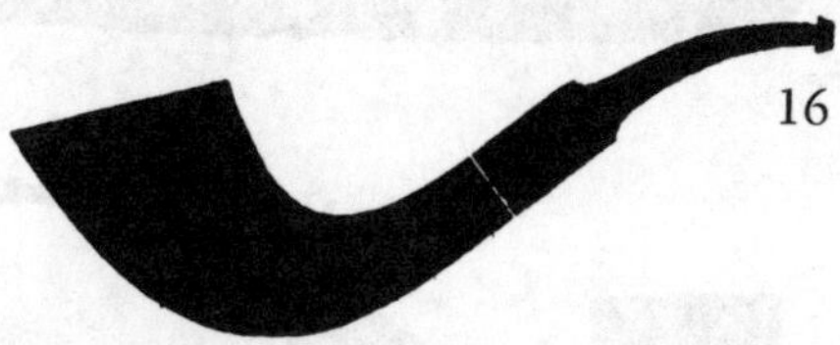
16

15 Bent
(Ei gebogen)
16 Bent Albert
17 Bent Rhodesian
(Gebogener Bulldog)

17

1. *Kleine und kleinste Köpfe:* ∅ außen ca. 27 mm, Höhe 35 mm
2. *Mittelgroße Köpfe:* ∅ außen ca. 34 mm, Höhe 45 mm
3. *Große und schwere Köpfe:* ∅ außen ca. 36/42 mm, Höhe 45/52 mm
4. *Übergroße Köpfe:* alle über 3. hinausgehenden Maße.

(Die Angaben sind der ungefähre mittlere Durchschnitt für die jeweilige Klasse.)

Neben den klassischen Modellen ist vor allem in den Jahren nach dem Zweiten Weltkrieg eine kaum mehr überschaubare Zahl moderner Bruyèreholzpfeifen-Formen auf den Markt gekommen.

Wie ansprechend extravagant und doch durchaus zweckdienlich solche Designs aussehen, veranschaulichen die unten abgebildeten Modelle. Wer Spaß an solch hübschen Dingen hat und ein wenig Mut zum Außerordentlichen besitzt,

18 Panel Billiard
(Ovalfacettierte Billard)

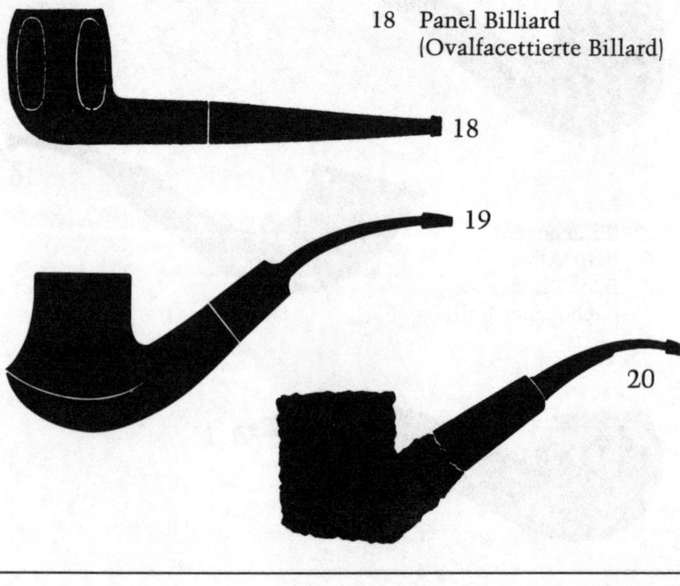

18

19

20

sollte getrost danach greifen. Die Qualität dieser Pfeifen steht außer Frage.

Es ist nicht möglich, im Rahmen unseres Privatissimums auch nur annähernd alle Pfeifenformen vorzuführen, die heute angeboten werden. Gute Fachhändler halten oft mehrere hundert Modelle vorrätig. Also bitte hingehen und aussuchen! Der Anfänger darf sich von der Vielzahl der Formen und Marken nicht kopfscheu machen lassen. Als allererste Bewohnerin unseres zukünftigen Pfeifenharems suchen wir uns eine einfache, schlichte, konservative Form aus. Eine kurze, glatte Pfeife mittlerer Kopfgröße also, am besten in Billiard-Form, mit einem Mundstück mit möglichst breitem ›Biß‹ ausgestattet.

Solange wir unserer Sache noch nicht ganz sicher sind, wollen wir nicht das Interesse anderer durch Zurschaustellung extravaganter Modelle auf uns ziehen. Je tiefer wir mit der Zeit in das Stoffgebiet eindringen, um so vertrauter wer-

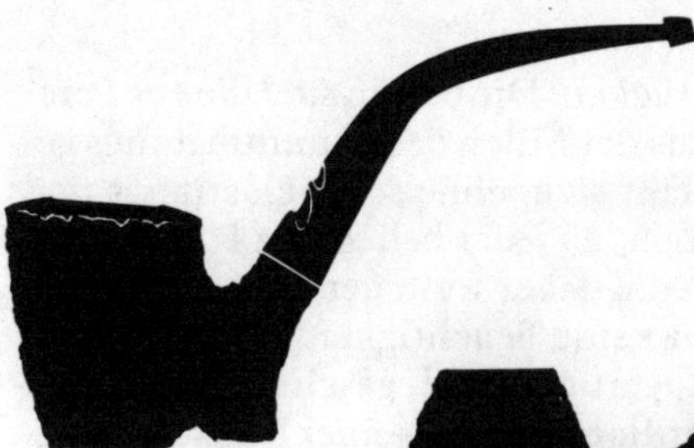

21

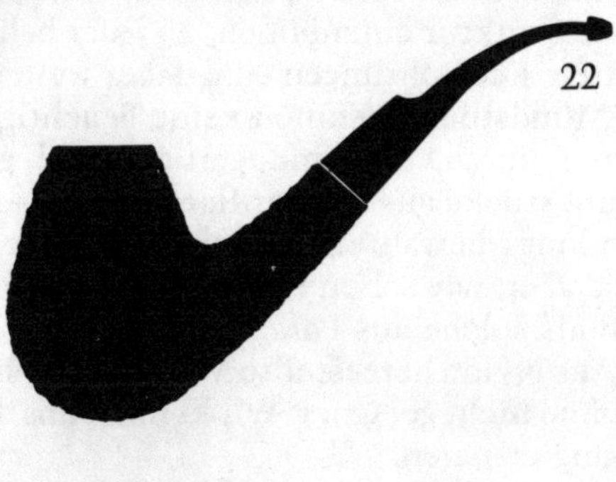

22

19–22 Verschiedene Pfeifenformen von gemäßigter Modernität

den uns Dinge und Begriffe, und eines Tages rauchen wir auch aus den ausgefallensten Modellen mit der Gemütsruhe von Männern, die ihr Geschäft souverän beherrschen.

Alle Pfeifenhersteller sortieren ihre Erzeugnisse in – meistens mehrere Qualitätsklassen. Maßgebend für die Einordnung in eine Kategorie sind Alter und Qualität des Holzes, die Güte der Verarbeitung und die Schönheit der Maserung. Für Maserung und Verarbeitung bekommt der Pfeifenfreund mit der Zeit ein gutes Auge. In puncto Holzqualität ist er in den meisten Fällen auf die Angaben seines Händlers angewiesen. Qualitätsunterschiede können aber Preisdifferenzen von mehreren hundert Prozent bewirken.

Deshalb rate ich abermals: Kaufen Sie nur in zuverlässigen und soliden Fachgeschäften. Ein reeller und tüchtiger Händler bemüht sich auch um den Interessenten mit der kleinen Geldbörse. Schon aus Gründen der Selbsterhaltung wird er wissentlich niemals einen Kunden täuschen oder übervorteilen. Ein Pfeifenraucher soll sich im übrigen überall umsehen, aber er muß ein Stammgeschäft, ›sein‹ Geschäft haben.

Ein Wort zu den *Mundstücken:* Die besten sind die aus Para-Kautschuk. Para wird aus der Milch des Gummibaumes gewonnen. Das Material läßt sich, ohne seine Elastizität und feste Struktur einzubüßen, zu jeder beliebigen Form verarbeiten. Die Bohrungen sind daher weit, der Biß federnd, Para-Mundstücke nehmen keine Feuchtigkeit an, und lassen keine durch, sie sind geruch- und geschmacksneutral. Mundstücke aus Metagrillato (Lucite), einer Kunstharzverbindung, bewahren dauerhaft den tiefschwarzen Glanz, sind aber, wie schon einmal erwähnt, wesentlich härter im Biß als solche aus Para.

Aus Nylon hergestellte Mundstücke sind für hochwertige Pfeifen nicht geeignet. Wir können uns deshalb eine Besprechung ersparen.

Die Qualität von Hornmundstücken ist vom Laien gar nicht oder nur sehr schwer zu beurteilen. Es wird häufig minderwertiges Material verarbeitet. Tauglich – und auch dieses nur bedingt – wäre allein der volle Kern des Horns.

Sogenanntes ›Preßhorn‹ und Mundstücke aus den Schalen, d.h. den hohlen Teilen der Hörner, zerfasern bald, sie saugen sich schnell voll Tabaksaft etc. und werden dadurch nicht nur unansehnlich, sondern auch gänzlich unbrauchbar. Englische Pfeifenhersteller verarbeiten schon aus Gründen der Hygiene grundsätzlich kein Horn. Auch in Deutschland geht die Tendenz dahin, diese Mundstücke zugunsten der besseren Paraware verschwinden zu lassen. Ein Verlust wäre es nicht.

Ich kann Hornmundstücke nicht einmal jenen empfehlen, die wegen des schönen Aussehens und des relativ weichen Bisses mit ihnen liebäugeln.

Die schönen Mundstücke aus Bernstein werden heute nur noch in Verbindung mit Meerschaumpfeifen verwendet (s. Seite 51).

Eine vielfältige Gestaltung erfährt das den Lippen zugewandte Stück des Mundstückes, der sogenannte *Biß*. Sehr zu empfehlen sind die breiten und flachen ›Fischschwanzmundstücke‹. Mit ihnen ausgestattete Pfeifen lassen sich gut im Mund halten, die Zähne werden geschont, und der Kiefer zeigt nur geringe Neigung zu Ermüdungserscheinungen. Heute sind die meisten guten Pfeifen mit Fischschwanzmundstücken ausgerüstet.

Die ebenfalls recht beliebten ›Lippenbißmundstücke‹ unterscheiden sich von den anderen vor allem dadurch, daß die Bohrung für den austretenden Rauchstrom nach oben weisend angebracht ist und der Rauch dadurch zunächst auf den Gaumen und nicht auf die häufig empfindliche Zunge geleitet wird.

Bei vielen Menschen wird durch das Rauchen die Tätigkeit der Speicheldrüsen angeregt. Das ist eine für den Rauchvorgang recht unwillkommene Nebenerscheinung. Wenn Speichel in das Mundstück gerät, wird er beim nächsten kräftigen Zug – nunmehr bitter nach Rauchkondensat schmeckend – wieder in die Mundhöhle gesogen. Beim Lippenbißmundstück kann Speichel kaum in das Mundstück gelangen, weil die Öffnung ja nach oben gerichtet auf dem Biß sitzt.

Wie vieles beim Pfeifenrauchen, ist auch die Auswahl des »Bisses« eine Frage des individuellen Geschmackes und der persönlichen Eigenart. Nichts taugt für jeden. Deshalb darf jeder auch selbst ausprobieren, was seinem Gusto am meisten entspricht.

Wir sind jetzt nahe dabei, den Kauf unserer ersten Pfeife abzuschließen. Bevor wir aber endgültig Ernst damit machen, brauchen wir unbedingt einen Spiegel.

Wozu, möchten Sie wissen? Sie erfahren es in der III. Lektion.

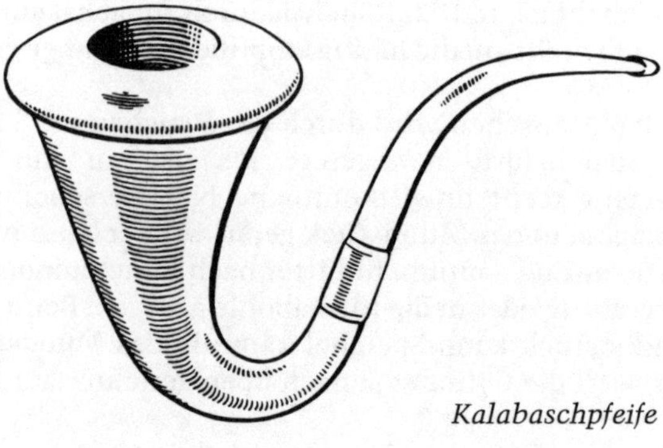

Kalabaschpfeife

2. Kapitel
Die weiße Göttin – Meerschaum

Im Hause des Schusters Karlo Kovacs, in Budapests winkliger Fischergasse, war der Teufel los.

Die Meisterin stand heulend in der Küche neben einer Schüssel herrlichen Szegediner Gulaschs, von dem der grollende Hausherr nicht einen einzigen Bissen angerührt hatte.

Janos, der Lehrling, hatte sich in den Keller geflüchtet und hielt sich die brennende Wange. Sie trug deutliche Spuren der Handschrift seines Lehrherrn.

In der Werkstatt aber saß Meister Karlo auf seinem Schemel und schlug wütend Nägel in die klaffende Sohle eines Reiterstiefels.

Die Ursache allen Unfriedens aber, ein winziges, weißes Kätzchen, lag zusammengerollt auf dem Türbalken und schlief schnurrend. Kurz zuvor hatte sie des Meisters letzte Tonpfeife mit der Pfote von der Konsole auf den Boden geworfen, wo sie in tausend Stücke zersprang. Der Schaden war nicht wieder gutzumachen. Der Tabakkrämer hatte keinen Ersatz vorrätig gehabt, und eine neue Sendung Pfeifen war erst für die kommende Woche angesagt. Im Jahre 1723 kam es öfter vor, daß es mit dem Warennachschub nicht klappte, und in einem solchen Falle hatten sich die Kunden eben in Geduld zu üben.

»Nein«, schimpfte Kovacs und stand von seinem Schemel auf, »ohne Tabak geht die Arbeit nicht voran.« Er warf Pfriem und Ahle zu den zerrissenen Schuhen und ging wütend in der Werkstatt auf und ab.

Plötzlich blieb er vor einem Regal stehen und betrachtete sinnend einen kindskopfgroßen, gelblichweißen, formlosen Klumpen, der dort zwischen allerhand Gerümpel lag. Der

Graf Gyula Andrassy hatte ihn am Morgen gebracht. Auf seiner letzten Reise durch Kleinasien war er ihm irgendwo unter die Finger gekommen.

»Schnitzt mir etwas daraus, Meister«, hatte er zu Karlo gesagt. »Schachfiguren oder eine subtile Dose.«

Der Schuster war in Budapest bei Kennern geschätzt. Nach Feierabend saß er oft lange in seiner Werkstatt und schuf aus edlen Hölzern, Elfenbein und Bernstein wahre Wunderwerke der Schnitzkunst.

Jetzt wog er das Stück in der Hand. »Wie leicht es ist«, dachte er. Er warf es in den Holzzuber neben dem Ofen. Es schwamm und schimmerte hell auf dem Wasser. »Wie Schaum – wie Meerschaum«, murmelte Karlo. Er nahm sein kurzes Schnitzmesser und drückte es in den Klumpen. Willig ließ sich das Material schneiden. Plötzlich hellte sich Kovacs' Gesicht auf. »Ich werde eine Pfeife daraus schnitzen«, sagte er, und im Vorgeschmack kommender Raucherfreuden leckte er sich die Lippen.

In dieser Nacht brannte das Licht lange hinter der Schusterkugel. Wie besessen arbeitete Karlo.

Endlich, Mitternacht war längst vorbei, lag die Pfeife glatt und weiß in seinen Händen. Liebkosend strich er darüber. »Wie Meerschaum«, sagte er abermals. »Ich werde sie dem Grafen in sein Palais schicken – sie ist zu schön für mich.« Er griff nach dem Licht. Da fielen ein paar Tropfen Wachs auf den schlanken Pfeifenkopf. Kovacs erschrak. Auf der hellen Fläche erschienen häßliche Flecken.

›Jetzt ist sie für den Grafen nicht mehr gut genug‹, dachte listig der Schuster. Er griff nach der Büchse und füllte den Kopf mit seinem besten Kanaster.

Schon nach den ersten Zügen hob er andächtig den Blick. Nie zuvor hatte dem kundigen Genießer Tabak so mild und köstlich geschmeckt. »Ein Göttergeschenk«, flüsterte er. »Das poröse Material nimmt dem Tabak die Hitze und Feuchtigkeit. Es ist zum Rauchen viel trefflicher geeignet als die tönernen Pfeifen.« Er schloß beseligt die Augen und ließ kleine Rauchringe zur Decke steigen.

Am anderen Morgen entdeckte der Meister, daß sich an der Stelle, an der am Vortag das Wachs die Pfeife verfärbt hatte, ein zarte Patina bildete. Jetzt rieb er das ganze Stück mit Wachs ein, und bald schimmerte es wie kostbares Elfenbein.

Verronnen war die Sternstunde des Karlo Kovacs. In seinen Händen aber hielt er eine Göttin: Die erste Meerschaumpfeife. Die zweite bekam der Graf Andrassy, der in den Salons von Budapest und Wien damit Aufsehen und Bewunderung erregte.

Der Besitz einer ›weißen Göttin‹ gilt seitdem als das erstrebenswerteste Ziel jedes Pfeifenliebhabers. Daran hat sich auch in unseren Tagen nichts geändert.

Ich bin ein bißchen ins Fabulieren geraten. Ob sich die Geschichte von der Entdeckung des Meerschaums zur Pfeifenherstellung genau so zugetragen hat, wie ich sie Ihnen erzählte, kann ich nicht verbürgen. Aber es könnte so gewesen sein.

Die Rauchfreuden, die eine Meerschaumpfeife schenkt, sind durch die Jahrhunderte die gleichen geblieben. Glücklich der Mann, der eine dieser erlesenen Schöpfungen besitzt. Aus ihr zu rauchen ist höchster Genuß, sie anzuschauen die reinste Freude für ein schönheitsempfängliches Auge. Sie braucht das Spieglein an der Wand nicht zu befragen: Sie ist die Schönste im ganzen Land.

Versetzen Sie Ihr Bett im Pfandhaus, wenn Sie kein Geld haben, aber besorgen Sie sich eine, kaufen Sie sich eine Meerschaumpfeife!

Meerschaum (eigentlich: Sepiolith) ist ein Magnesiumsilikat, ähnlich dem Speckstein. Es findet sich hauptsächlich als weiße bis gelbliche Knollen in Serpentin eingesprengt, ist undurchsichtig, fühlt sich fettig an und haftet an der Zunge. Vor dem Trocknen ist er wachsweich (Härte 2–2,5), sein spezifisches Gewicht liegt unter 1,0. An der Luft verhärtet er sehr schnell.

Die aus den Gruben gewonnenen Meerschaumknollen werden sortiert, von der Erdkruste befreit, geglättet und mit Tüchern poliert. Noch erdfeucht kommen sie in Trockenkammern, um anschließend, nach Größe und Qualität gesichtet, in genormte Kisten verpackt zu werden. Die besten

Stücke werden in Watte gebettet. Meerschaum wird heute – wenn man Kleinstvorkommen in verschiedenen Ländern außer acht läßt – im wesentlichen in Anatolien in der Nähe der Stadt Eskisehir zwischen Istanbul und Ankara und im Amboseli-Gebiet in Tanganjika aus Tiefen zwischen 30 und 80m gewonnen.

Die Afrikaner verarbeiten ihren Meerschaum zu einem großen Teil gleich in einer in Arusha, in der Nähe der Grenze nach Kenia, errichteten Pfeifenfabrik.

Der Amboseli-Meerschaum ist um 5000000 Jahre jünger als sein schneeweißer türkischer Vetter. Er kommt vorwiegend unansehnlich graubraun und von Adern durchzogen aus der Erde. Wegen dieser Schönheitsfehler werden ostafrikanische Meerschaumpfeifen meistens tiefschwarz gefärbt.

Der meiste anatolische Meerschaum wandert heute wie eh und je nach Wien, wo Spezialfabriken seit Ur-Urgroßvaters Zeiten das Beste an Meerschaumpfeifen aus den Blökken herausholen.

Kurioser- und auch schwerverständlicherweise ist das, was sich bei uns als ›Wiener‹- oder ›Massa-Meerschaum‹ präsentiert, meistens gar nicht aus Wien und schon gar nicht von bester Qualität. Im Gegenteil. Dieser aus Meerschaumpulver und Bindemitteln geknetete Meerschaum-Massa besitzt weder die Aufnahmebereitschaft für Teerdestillate, noch die Saugfähigkeit des Blockmeerschaums. (Naturmeerschaum kommt auch unter der Bezeichnung ›Blockmeerschaum‹ in den Handel.)

Eine Massa-Meerschaumpfeife wird sich deshalb niemals gleich gut rauchen oder ähnlich schön verfärben wie eine solche aus Blockmeerschaum; auch die Härte des ›echten‹ Meerschaums erreicht ›Wiener Meerschaum‹ nicht.

Für den Laien ist es gar nicht leicht, eine Massa-Meerschaumpfeife von einer echten zu unterscheiden. Die geforderten Preise müssen nicht zwangsläufig eine Orientierungshilfe sein, denn es gehört ja nicht viel dazu, die qualitätsmindere Massa-Pfeife auf die Preishöhe jener aus echtem Meerschaum zu heben.

Wo es Vergleichsmöglichkeiten gibt, können die folgenden Hinweise nützlich sein: Massa-Meerschaum-Köpfe sind schwerer als die echten, ihr Glanz ist matter, und bei sehr genauer Prüfung findet man häufig Unregelmäßigkeiten in der Struktur. Entlarven wird sich eine Massa-Meerschaumpfeife spätestens beim Rauchen: Ihre fleckige Tönung und unregelmäßige Färbung offenbaren das Unorganische des Materials.

Wie man sich gegen Unterschiebungen schützt? Ich kenne nur ein Mittel: in vertrauenswürdigen, absolut reellen Fachgeschäften einkaufen, und nirgendwo anders.

Ihre Glanzzeit erlebte die Meerschaumpfeife zu Ende des 18. und im 19. Jahrhundert. Damals wurden mit dem Rohstoff und den oftmals kunstvoll geschnitzten Pfeifen Vermögen verdient. Seltene und schöne Stücke kann man noch heute im Stadtmuseum in München, im Focke-Museum zu Bremen und im Tabakmuseum der Stadt Bünde in Westfalen sowie im Museum der Austriawerke Wien bewundern.

Anno Tobak kannte man neben ›Haus‹- und ›Geschäftspfeifen‹ aus Meerschaum solche, die nur bei feierlichen Anlässen und Besuchen hergenommen wurden und außerdem auch noch ›Bettpfeifen‹. So ein Prachtstück besaß einen großen Kopf und ein überlanges Rohr, so daß man nur stehend oder liegend aus ihm rauchen konnte. Ein zeitgenössischer Chronist schrieb dazu: »Bei ruhend ausgestrecktem Körper leisten sie, durch die größere Abkühlung im langen Rohr, vortreffliche und sehr angenehme Dienste.«

Aus einer Meerschaumpfeife läßt es sich – wir sagten es schon – köstlich rauchen. Ihr großer Nachteil ist ihre empfindliche Seele. Es genügt, sie vom Tisch fallen zu lassen – und eine Handvoll Scherben ist alles, was von ihr übrig bleibt. Dieser Umstand hat es schließlich auch bewirkt, daß ihr die im vorigen Jahrhundert aufkommenden Bruyèreholzpfeifen den Rang in der Gunst der Raucher abliefen. Heute sind Meerschaumpfeifen in der Öffentlichkeit kaum noch zu sehen. Sie werden zu Hause geraucht, denn mehr noch als andere Pfeifen wollen sie mit großer Ruhe genossen werden, und vor allem verlangen sie mehr Pflege und zärtlichere Behandlung als irgendeine ihrer Schwestern.

Meerschaumpfeifen werden auch heute noch vorwiegend in Handarbeit gefertigt. In verschiedenen Arbeitsvorgängen wird der Rohmeerschaum schnittfähig gemacht, bevor die rohe Form aus dem Block heraus ›posiert‹ werden kann. Das Sortiment umfaßt alle klassischen Pfeifenformen, wie sie auch vom Bruyèreholz her bekannt sind.

Bei Wiener Meerschaum-Pfeifen-Fabrikanten kann man sich übrigens auch Pfeifen nach eigenen Entwürfen anfertigen lassen. Zur Meerschaumpfeife gehört unbedingt ein Etui. Auch diese werden in Wien jeder der weißen Prinzessinnen extra auf den Leib geschneidert.

Der kostbare Rohstoff, die vielen Manipulationen bis zum fertigen Stück, dazu die umständliche handwerkliche Fertigung bewirken, daß Meerschaumpfeifen teuer sind. Schon deshalb wird man sie ganz besonders gut behüten und pflegen.

Keine andere Pfeife übertrifft an Milde und Kühle eine Meerschaumpfeife, keine andere entwickelt in gleicher Weise schon vom ersten Tag an die Fähigkeit, Wohlgeschmack und Duft des Tabaks zur vollen Geltung zu bringen. Sie ist wahrhaftig dazu geschaffen, Tabakorgien zu feiern, die Stunden mit ihr sind ungetrübt freudvoll, sie sind die Gipfel, die absoluten Höhepunkte unseres Raucherdaseins.

Eine Meerschaumpfeife ist kein guter Flirt. Wenn wir sie gut halten und ihr zerbrechliches Dasein nicht vorzeitig durch Ungeschicklichkeit zerstören, wird sie uns ein Leben lang begleiten. Sie ist die treueste aller Geliebten und – das ist beileibe nicht die geringste ihrer Tugenden – sie ist stumm.

Meerschaumpfeifen brauchen nicht eingeraucht zu werden. Im Gegenteil! Gleich zum Einstand wird sie randvoll mit Tabak gefüllt, um Zug für Zug durchgeraucht zu werden, bis nichts zurückbleibt als ein Hauch Asche. Daß das Geschäft des Ziehens, das Tabakatmen, in aller Ruhe und Gelassenheit vor sich gehen muß, ist eine strikt zu beherzigende Vorschrift.

Unverbraucht zurückgebliebene Tabakreste sind der Tod der Meerschaumpfeife. Sofort setzt sich Kondenswasser an dem ›Pfropf‹ an und verdirbt an dieser Stelle den Kopf. Kommt es zu einer solchen ›Sumpf‹-Bildung, verfahren wir genauso, wie wir es auf Seite 97 bei der Behandlung des nämlichen Malheurs bei Bruyèrepfeifen besprechen werden. Ist der Schaden rechtzeitig entdeckt worden und wird er sogleich sachgemäß behandelt, dürfte die Pfeife in der Regel zu retten sein.

Meerschaumpfeifen werden niemals am Kopf angefaßt. Auch beim Rauchen hält man sie am Holm oder Mundstück fest. Schon geringer Handschweiß zersetzt den Wachsfilm auf der Oberfläche des Kopfes und ruft bei beginnender Tönung häßliche Flecken hervor.

Die weißen Göttinnen schmecken nicht nur wunderbar, sie bieten ihren Liebhabern auch noch zusätzlich ein Schauspiel von ganz erlesenem Reiz: Es ist die allmähliche Verfärbung vom unschuldsvollen Weiß über Honiggelb bis zum satten Braun, ja sogar bis zum feurigen Kirschrot. Diese Verfärbung beginnt bereits mit dem ersten Anrauchen. Sie hat ihre Ursache in dem Eindringen des beim Verbrennen entstehenden Kondensats in die feinen Poren des Meerschaums. Von nun an soll die Pfeife möglichst jeden Tag mindestens einmal in Betrieb genommen werden, damit der Prozeß der Verfärbung nicht unterbrochen wird oder eine bereits eingetretene Nachdunklung wieder verschwindet. Erst wenn die Farbtönung ziemlich weit fortgeschritten beziehungsweise abgeschlossen ist, darf sie als beständig und unverlierbar gelten.

Nun wird der Besitzer einer Meerschaumpfeife den Umfärbungsvorgang von sich aus wohl kaum unterbrechen, denn jeder ist verständlicherweise neugierig, wie sich sein gutes Stück farblich entwickelt.

Wie für die Bruyèrepfeifen gilt auch für die weiße Göttin, daß sie nach jedem Rauchopfer gründlich auskühlen muß und nicht sofort wieder gefüllt werden darf. Bedenken wir noch, daß das Material dieser Pfeifen gegen Spannungen sehr empfindlich ist.

Deshalb raucht man Meerschaumpfeifen auch nicht im Freien und setzt sie keinen großen Klimaschwankungen aus. Die Meerschaumpfeife ist nun einmal eine ›Haus‹-Pfeife, die nichts von Sonne, geschweige denn von Regen oder Schnee wissen will.

Daß man sie stets, auch zu Hause, in einem Etui aufhebt, deuteten wir schon an.

Hinsichtlich der Pflege gilt für sie grundsätzlich dasselbe wie für die Bruyèreholzpfeife. Läßt ihr Glanz mit der Zeit nach, dann wird sie vorsichtig mit einem Läppchen, wie es auch zur Reinigung von Brillengläsern Verwendung findet, nachpoliert. Gelegentlich sollten wir sie getrost vertrauensvoll unserem Tabakhändler überantworten, damit dieser sie zu einer Generalüberholung an den Hersteller einschickt.

Umsonst sind meistens die Versuche, locker gewordene Mundstückszapfen oder ausgeleierte Gewinde selbst reparieren zu wollen. Ehe wir unserem Liebling ein größeres Leid antun, ist es auch in diesem Falle besser, ihn an die Fabrik einsenden zu lassen.

Man hat sich schon sehr früh Gedanken darüber gemacht, wie man die guten Raucheigenschaften des Meerschaums mit der Unempfindlichkeit der Holzpfeifen vermählen könnte. Als Folge solcher Überlegungen gibt es schon seit ungefähr 200 Jahren meerschaumgefütterte Holzpfeifen. Dieser Typ von Pfeifen ist heute wieder sehr en vogue, und beinahe alle konventionellen Pfeifenfassons sind auch mit Meerschaumfutter zu haben. Achten Sie auch hier beim Einkauf darauf, daß Ihnen nicht Massa-Meerschaum-Futter als solche aus Naturmeerschaum unterschoben werden.

Leider gilt bei der Ehe zwischen Holz und Meerschaum, was sich auch im menschlichen Leben nicht selten bewahrheitet: Die Verbindung zweier nahezu idealer Ehepartner muß nicht unbedingt sehr liebenswürdige Kinder zur Folge haben. Meerschaumgefütterte Bruyèrepfeifen sind nicht Meerschaum und nicht Bruyère, sondern von jedem eben nur ein bißchen. Sie schmecken gut, aber sie sind nicht besonders gut sauberzuhalten und auch ziemlich bruchempfindlich. Wenn Sie mich deshalb fragen: Ich halte nichts von Zwittern und bleibe lieber bei den reinen Formen.

Bei unseren Besuchen in guten Tabakgeschäften stoßen wir immer wieder auf eine Pfeifenart, die schon durch ihr Äußeres unsere Aufmerksamkeit erweckt. Es sind für unsere Vorstellungen sehr große, trompetenartig geformte Stücke mit stark geschweiften Mundstücken. *Kalabasch-*

Pfeifen heißen diese Rauchgeräte (s. Abb. Seite 42). Sie werden aus einer afrikanischen Kürbisgurke gefertigt und haben – wenn sie gut sind – Blockmeerschaumeinsätze. Zwischen dem Einsatz und der Wand der Gurkenflasche ist ein Hohlraum, in dem sich der Rauch gut abkühlen kann und der zugleich verhindert, daß der Meerschaumeinsatz heiß wird. Das enge Ende des Pfeifenkörpers wird in der Regel mit einem Mundstück aus Bernstein versehen.

Angeblich ist diese unser Sortiment um eine aparte, exotische Nuance bereichernde Pfeifenart während des Burenkrieges zum erstenmal geraucht worden. Sie ist nicht unerschwinglich teuer, und da sich aus ihr gemütlich und genußvoll schmöken läßt, sollte man eine davon besitzen. Für Opernbesuche oder hochoffizielle Stehempfänge eignet sie sich ihrer Größe wegen nicht besonders.

Meerschaumpfeifen werden in der Regel mit Bernsteinmundstücken ausgerüstet. Dieses schöne Material paßt auch am besten zu den kostbaren Gebilden. Deshalb sind aber auch andere gute Mundstücke durchaus zu gebrauchen. Orientalische Bernsteinmundstücke haben übrigens keinen ›Biß‹, mit dem die Pfeife im Mund gehalten werden kann, sie ähneln einer großen Olive und werden nur an die Lippen geführt und der Rauch angesogen.

Zum Schluß des Kapitels von den weißen Göttinnen noch einen Tip: Diese Göttinnen sind irdischen Gesetzen unterworfen, d.h. sie müssen unter anderem saubergehalten werden, wenn sie nicht schlecht riechen sollen. Die Rauchkanäle der Meerschaumpfeife vertragen durchaus eine gelegentliche Reinigung mit einem in purem Alkohol angefeuchteten – aber nicht vor Nässe triefenden – Pfeifenputzer. Nur gleich hinterher mit neuen Putzern wieder trokkenlegen! Mancher Besitzer einer Meerschaumpfeife muß feststellen, daß ihm jedesmal beim Öffnen des Etuis ein Geruch wie aus einer Bierpinte fünf Minuten nach Feierabend entgegenschlägt. Diesem Übel ist aber leicht abzuhelfen: Legen Sie Ihre Pfeife nicht gleich nach dem Rauchen ins Etui zurück, sondern lassen Sie sie zuvor noch ein paar Stunden an einem vor Kindern und Haustieren sicheren Ort ausruhen.

LEKTION III

Die Motive, warum ein Mann zur Pfeife greift, sind durchaus nicht immer so eindeutiger Natur, wie man annehmen möchte. Man kann zum Beispiel eine Pfeife kaufen, weil man sich ein Spielzeug für die Hände wünscht oder etwas zum Lutschen braucht, eine Art Schnullerersatz also. Man raucht, um sich die Nase zu wärmen und weil man der Freundin endlich beweisen möchte, daß es außer ihr noch etwas anderes gibt, an dem man sich festhalten kann. Mit der Pfeife darf man angeben, sich selbst verteidigen, eine Versammlung des Antiraucherklubs besuchen, und – wenn sie nicht zuviel gekostet hat – kann man sie als Unmutsäußerung dem Schiedsrichter auf dem Fußballplatz an den Kopf werfen oder dem Regisseur einer mißglückten Theateraufführung. Ganz zweifellos vermögen Pfeifen noch manches andere als nur Rauchgenuß vermitteln: Sie verändern unser Äußeres, unser Gesicht, das Profil, unseren Habitus. Ein Mann mit Pfeife verfügt über ein anderes Image, als einer, der mit einem splitternackten Gesicht herumläuft. Pfeifen unterstreichen und heben die Persönlichkeit, sie machen sie einprägsamer und unverwechselbarer. Dem Pfeifenraucher haftet ein gewisser Ruch, ein Air von Besonderheit an. Pfeifen machen Männer männlicher. Die Damen sollten es zu schätzen wissen.

Eines freilich vermag auch die eleganteste, ausgefallenste und wohlgelungenste Pfeife nicht: Aus einem Hampel-

Zu jedem Typ die richtige Pfeife

mann, einer männlichen Witzfigur einen tollen Kerl, eine Wucht von einem Burschen zu machen. Vielleicht dreht sich wirklich ein Mädchen nach so einem hochstapelnden Mister Möchtegern um, wenn er ein ganz verrücktes Ding von einer Pfeife zwischen den Zähnen hält. Aber was geschieht, wenn er die Pfeife aus dem Mund nimmt, und es stellt sich heraus, daß er ein Dummkopf ist und nur Wind in der Bluse hat? Nichts als eine Tabakspfeife im Bett ist den meisten Damen zuwenig.

Doch ich wollte Ihnen erzählen, warum wir beim Pfeifenkauf unbedingt einen Spiegel brauchen!

Die Art des Rauchgerätes und seine Form üben einen gewichtigen Einfluß auf die Physiognomie des Besitzers aus. Pfeifen können Gesichter verändern. Zum Vorteil und zum schlimmen Gegenteil. Den Umstand gilt es zu bedenken, wenn wir darangehen, eine Pfeife zu kaufen.

Die Auswahl ist groß genug und wenn trotzdem nicht jeder für seinen Typ die passende Pfeife findet, so liegt es entweder daran, daß er nicht genügend Ausdauer besitzt, nach der richtigen zu fahnden, oder selbst nicht weiß, was ihm gut zu Gesicht steht.

Lassen Sie sich niemals eine Pfeife aufschwatzen, wenn Sie fühlen: Die paßt nicht zu mir. Und kaufen Sie keine aus Verlegenheit oder weil Sie sich genieren, ein Geschäft wieder zu verlassen, ohne gekauft zu haben.

Verlassen aber sollten Sie eine Tabakhandlung, in der es keinen Spiegel gibt, in dem Sie sich mit Ihrer neuen Freundin begutachten können. Bei dieser Quasi-Anprobe wird über die Mundstücke der in die engere Wahl gezogenen Stücke eine Pergament- oder Kunststoffhülle gestülpt, damit Sie die Pfeife auch einmal richtig probeweise zwischen die Zähne nehmen können. (Unter Umständen hilft man sich auch mit einem Papiertaschentuch o.ä.)

Dulden Sie es, daß Ihre Frau, Freundin oder Verlobte dabei ist und ständig dazwischenredet, wenn Sie sich einen neuen Hut kaufen, dann nehmen Sie die Dame auch ins Pfeifengeschäft mit. Sie ersparen sich auf diese Weise manchen postnumeranden Ärger.

Wie wir aussehen, wissen wir genau. Wir erblicken uns ja jeden Morgen im Badezimmerspiegel.

Doch tief drinnen in unserem Innersten sind wir leider manchmal nicht sehr selbstkritisch und setzen an die Stelle des Typs, den wir verkörpern, jenen, dem wir uns insgeheim zuordnen. Unseren Wunschtyp also gewissermaßen.

Der Dicke, Rundliche übersieht geflissentlich seine Körperfülle und gibt sich sportlich forsch. Der zu kurz Geratene geht auf Zehenspitzen und dicken Sohlen wie auf Stelzen, um Normalgröße vorzutäuschen. Der Schmalbrüstige, Zaundürre wiederum läßt sich von seinem Schneider eine Boxerfigur anwattieren.

Weshalb? Man möchte eben nicht aussehen wie der namenlose Herr X oder Y, der man leider ist, sonder wie Paul Newman, Curd Jürgens oder Volker Hauff.

Weil dem so ist, laufen Halbeportions-Männchen mit Tabakmeilern von gigantischen Ausmaßen im Gesicht herum und andere, mit Figuren wie sowjetrussische Gewichtheber, haben Pfeifchen im Mund, von denen man nicht weiß, ob sie daraus rauchen oder sich eben nur mal die Zähne säubern wollen.

Hier sind ein paar Regeln aufgeschrieben, die zeigen, wie mit dem Dilemma fertig zu werden ist:

Der *gedrungen-rundwüchsige* Herr fühlt sich mit der mittellangen, großköpfigen Pfeife oder einem gebogenen ›Stekker‹ am wohlsten.

Dem häufig etwas *wirklichkeitsfremden, schlankwüchsigen und feingliedrigen* Typ dagegen wird gerade die lange, elegante und leichte Pfeife gut stehen. Gefühlsgehemmt, wie diese Menschen häufig sind, überlassen sie auch im Tabakgeschäft die letzte Entscheidung gern einem oder auch einer anderen. Sie schätzen edle Formen und handwerksgerechte Verarbeitungen. Die unauffälligen, stilvollen Facettenpfeifen passen gut zu diesem Typ.

Für den *athletischen, muskelschweren Mann* ist die handfeste Pfeife mit dem geraden Londonkopf, auch die nach unten gebogene, die richtige. Hypermoderne oder ätherisch anmutende Formen taugen nichts für Preisboxer und Catcher.

Der *bedächtig-langsame, ruhige und phlegmatische Mensch* wird an einer Pfeife mit langem Holm, an einer Lesepfeife also, oder auch an einer Churchwarden (s. Abb. Seite 33) Vergnügen finden. Der *schnell entflammbare, mit heftigem Temperament ausgestattete* Choleriker wiederum zieht zu oft und zu schnell an seiner Pfeife. Für ihn passen Stücke, die sich leicht trocken rauchen, also solche mit Doppelbohrung oder eventuell auch Filterpfeifen. Der *sportliche* Herr, der schnelle Wagen liebt, gern Tennis oder eine Partie Golf spielt, sieht mit der gemütvollen Opa-Pfeife aus, wie eine schlechte Karikatur seiner selbst. Aber eine flotte Cad, eine Bulldog oder Bullcap (s. Abb. Seite 35/36) wird ihn vorteilhaft kleiden.

Wir halten fest: Der kleine Kugelmann mit dem Fleischbalkon unter der Weste und dem nach innen gerichteten Haarwuchs braucht einen anderen Pfeifentyp als der Zweimeterlulatsch.

Der Zweizentnerfünfzig-Schwerathlet kann sich unmöglich dieselbe Pfeife in den großen Mund stecken wie der federleichte Jockei.

Pfeifenrauchen soll glücklich und zufrieden machen. Dazu gehört neben anderem, daß unser Selbstbewußtsein nicht gestört ist, daß wir uns in Harmonie mit uns und der Umwelt befinden. Wir sollen uns selbst gefallen und nicht anderen zum Gespött werden. Deshalb brauchen wir zum Pfeifenkauf einen Spiegel zum Hineinschauen – denn einen

Hut erstehen wir auch nicht, ohne hineinzusehen. Und was ist schon ein Hut gegen eine Tabakspfeife! Unser Pfeifenkauf ist abgeschlossen, wir sind endlich glückliche Besitzer eines brauchbaren Rauchinstruments. Das ist ein ehrlicher Grund zur Freude.

Bevor wir in die nächste Abteilung gehen und uns mit Tabak versorgen, müssen wir noch einmal das Portemonnaie für ein paar Kleinigkeiten ziehen: Für ein einfaches Pfeifenbesteck, ein Päckchen Pfeifenputzer und für Streichhölzer. Im Augenblick nehmen wir das, was uns der Händler anbietet. Später auf Seite 156ff. sprechen wir noch einmal über das sehr wichtige Raucherzubehör.

E.T.A. Hoffmann (1776–1822) · Selbstkarikatur mit Pfeife

3. Kapitel
Ein Blick zurück – Tonpfeifen

Am Anfang der Historie vom Tabak steht ein Betrug.

Jener Matrose, der am 12. Oktober 1492 vor Guanahani seinem Kommandanten »Land voraus« meldete, wurde von Kolumbus um die hierfür ausgesetzte Prämie schnöde geprellt.

Der ersten Schurkerei sollten bald andere, schlimmere folgen. Um jedoch genau zu sein: Die Geschichte des Tabaks begann natürlich nicht mit der Entdeckung Amerikas. Sie nahm ihren Anfang mit Sicherheit rund 1000 Jahre früher. Der Tabak ist viel älter als seine Geschichte.

Dafür, daß der neue Kontinent aus der Fülle seiner unermeßlichen Naturschätze der Alten Welt die Kartoffel und Tomate, den Mais, Kakao und Tabak, die Cochenille und Vanille und vieles, vieles mehr schenkte, hat er nicht nur keinen Dank erfahren, sondern einen Blutzoll ohne Beispiel zahlen müssen. Die von den Eingeborenen als »weiße Götter« begrüßten Abgesandten Europas waren in Wahrheit nichts anderes als rohe Verbrecherhorden und gemeine Abenteurer niedrigster Kategorie. Für alle Zeiten sind ihre Schandtaten mit den Namen ihrer Anführer, dem verschlagenen, goldgierigen Fernando Cortez und dem viehischen Analphabeten Francisco Pizarro, verbunden. Unfähig, die Größe der vorgefundenen Hochkulturen auch nur zu erahnen, außerstande, anzuerkennen, daß Wesen anderer Hautfarbe und Weltanschauungen ihnen ebenbürtig, wenn nicht gar überlegen sein könnten, haben die Konquistadoren die neu entdeckten Gebiete schamlos geplündert und bestialisch ausgemordet.

Mit Schwert und Blei, mit Scheiterhaufen, Strick und Garotte wurden Azteken, Maya und Inka nahezu ausgelöscht. Schätze und Reichtümer wanderten nach Spanien. Was des Wegschleppens für unwert befunden wurde, verfiel der blinden Zerstörungswut oder wurde dem gefräßigen Feuer überantwortet. Was blieb – die riesigen Götterhäuser und Priesterpaläste, Pyramiden, hochragende Stelen, Kolossalmonumente und Gräber –, darüber legte, zerstörend und gnädig bewahrend zugleich, der Dschungel, der Regenwald seinen grünen, undurchdringlichen Mantel.

Weil geschah, was nicht hätte sein dürfen, liegen heute die Uranfänge der Rauchkultur in tiefes Dunkel gehüllt. Vieles, was zu dem Thema publiziert wurde, ist Halbwahrheit, Erfindung und Mutmaßung.

Die geographischen Verhältnisse Amerikas lassen die Ausbreitung von einem einzigen Platz aus undenkbar erscheinen. Jedes Gebiet des gewaltigen Kontinents hat das Tabakrauchen mit großer Wahrscheinlichkeit auf seine Art selbst entdecken müssen. Erstes, sicheres Zeugnis liefert die Hinterlassenschaft der Maya, denen während ihrer großen, der ›klassischen Epoche‹ (bestimmt aber vom 5. Jh. n. Chr. an), der Rauchgenuß vertraut war.

Rauch ist Mysterium. Selbst der Mensch unserer von der Ratio bestimmten Tage erfährt es immer wieder in vom Alltagskrampf gelösten, glücklichen Raucherstunden. Es ist deshalb auch nicht vage Spekulation, wenn man annimmt, daß die ersten Verehrer des Tabaks indianische Priester und Priesterfürsten waren, die mit dem Rauch den Göttern Bitt- und Dankopfer darbrachten; es ist durchaus möglich, daß das Rauchen zuzeiten sogar ein Vorrecht dieser Gesellschaftskaste war. Bilder, Reliefs und Skulpturen überliefern, daß dem *jetl* (aztekisch = Tabak) bei der zentralamerikanischen Urbevölkerung große Bedeutung zukam.

Auch die Götter rauchten. Sie rauchten sogar gewaltig. Einer ihrer mächtigsten war der aztekische Tezcatlipoca, was soviel wie ›der rauchende Spiegel‹ heißt.

Von den Höhen der Tempelpaläste fand der Tabak den Weg zu den Niederungen des gemeinen Volkes. Die Art der Verwendung war mannigfaltig: Gekaut ließ er Hunger,

Durst und Beschwernisse des Alltags leichter ertragen; gemahlen und zerrieben wurde er durch Schnupfröhren in die Nase geblasen. Um ihn zu rauchen, wickelte man ihn zu Rollen und umhüllte diese mit den Schutzblättern des Maiskolbens.

Als erste Pfeifen dürften hartschalige Samenkapseln tropischer Gewächse gedient haben. Diese Naturpfeifen waren vermutlich auch die Vorbilder für die teilweise zeitlos schönen, in vielen Variationen hergestellten Tonpfeifen. Die wertvolleren von ihnen schmückten Menschen- und Tiergesichter, Ornamente, Götter- und Dämonenfratzen. Manche davon sind von üppiger Größe, andere wieder schlank und elegant und in der Form modern, als seien sie gestern geschaffen worden.

Als Rohre dienten Bambus und Schilf. Funde lassen darauf schließen, daß es zuzeiten so etwas wie eine regelrechte Pfeifenmanufaktur gab. Mit dem Tabak zusammen hielt man Pfeifen auf den Märkten der Städte feil. Geraucht haben neben den Männern auch Frauen und Kinder. Den Verblichenen gab man Tabakpfeifen mit auf den letzten Weg.

Bei der teilweise bedeutenden Begabung der amerikanischen Urbevölkerung für Agrikultur ist es sicher, daß Tabak feldmäßig angebaut wurde. Über seine Verarbeitung wissen wir so gut wie nichts. Wenn man aber bedenkt, daß zum Beispiel die Azteken aus Kakaobohnen ein Gericht zu machen verstanden, sie nannten es *chocolatl,* eine hochfeine Creme, die sie, mit Vanille und anderen Spezereien gewürzt, kalt verzehrten, wenn man das verfeinerte Genußstreben eines solchen Volkes in Rechnung setzt, dann bietet sich die Vermutung ganz von selbst an, daß es sich auch darauf verstanden haben muß, den Tabak einer veredelnden Verarbeitung zu unterziehen.

Zweifellos beigemischt wurden Aromastoffe; vor allem eine verflüssigte Ausscheidung des Pottwales, das Ambra. Untergemischt wurden häufig auch pflanzliche Rausch- und Betäubungsgifte, die in der Neuen Welt in unübersehbarem Artenreichtum gedeihen. Die Versetzung in den Rauschzustand galt ursprünglich als kultische Handlung und war Privileg der Priester.

Die ersten europäischen Pfeifen waren Tonpfeifen. Sie kamen aus England, wo sich in Winchester und Broseley berühmte Manufakturen etabliert hatten. Lange vermochten die Engländer das Monopol aber nicht zu halten. Die Holländer bemächtigten sich des guten Gewinn versprechenden Gewerbes, und in dem kleinen Städtchen Gouda entstand eine blühende Pfeifenindustrie. Mehr als 500 ›Fabriken‹ waren es zeitweilig, die aus dem Tonschlamm der Yssel Pfeifen brannten.

Eine liebenswerte Kuriosität der Pfeifenmacher von Gouda waren die mit echtem und künstlichem Laub geschmückten ›Bräutigamspfeifen‹. Wenn ein Freier in das Haus des von ihm erwählten Mädchens kam, bat er sie um Feuer für seine Pfeife. Die erste Feuergabe war unverbindlich und hatte nicht mehr Gewicht als ein ›vielleicht‹. Wurde er beim zweitenmal nicht abgewiesen, konnte sich der Jüngling schon ernsthaftere Hoffnungen machen. Nahm sie ihm aber beim drittenmal die Pfeife weg, um selbst daraus zu rauchen, dann galt die Verlobung als perfekt.

Die Pfeifenmacher hießen ›Pfeifenbäcker‹, weil sie ihre Ware in Öfen brannten. Von Holland verbreitete sich das Gewerbe über ganz Europa und faßte überall Fuß, wo man auch andere Tonwaren herstellte.

Berühmt waren die Pfeifenbäcker zu Köln. Ein sehr vornehmer Verein scheint diese zunftähnliche ›Pfeifenbäckerbruderschaft‹ allerdings nicht gewesen zu sein. Alte Annalen sind gefüllt mit Berichten von den Streitereien zwischen Meistern und Gesellen. Sie wurden mit ordinären Unflätigkeiten und wüsten Verleumdungen geführt. Meist ging es um Arbeitszeit und Lohn. Die Gesellen warfen ihren Brotherren vor, sie müßten von morgens fünf Uhr bis abends neun bei schlechtem Lohn »Pfeifen trommen«. Die Meister wiederum beklagten sich über ihre Gehilfen: »Statt in der Früh' um fünf mit der Arbeit zu beginnen, kommen sie erst um neun Uhr, und außer Montag bringen die Gesellen einen weiteren Tag der Woche mit Fressen, Saufen und Kartenspiel zu.«

Ursprünglich waren Tonpfeifen ganz schlicht und schmucklos gestaltet. Erst im form- und farbenfrohen 18.

Jahrhundert begann man sie mit Ornamenten und bildlichen Darstellungen zu schmücken und sogar zu färben und die Formen durch immer neue Einfälle zu variieren.

Großer Beliebtheit erfreuten sich die sogenannten *Doorroker* (›Durchraucher‹). Es waren glasierte Tonpfeifen, auf die mit unsichtbarer Kiesellösung allerlei Darstellungen – nicht selten obszönen Inhalts – aufgemalt wurden. Beim Rauchen, unter dem Einfluß der Hitze, kamen die Bilder dann zum Vorschein. Solche Pfeifen einzurauchen, mag ein spannendes und auch amüsantes Spiel gewesen sein.

Spötter behaupten, Tonpfeifen wären deshalb ideal, weil man sich nicht zu bücken braucht, wenn sie herunterfallen. Um sie vor Bruch zu schützen, stellte man schon in ihren frühen Zeite Etuis her. Diese Futterale wurden später zu luxuriösen, häufig mit Edelmetall und echten Steinen geschmückten Behältnissen, die heute noch aufschlußreiche Beweise für die hohe Kunst des damaligen Handwerks liefern.

Mit den sogenannten Pfeifenschlitten kamen im 18. Jahrhundert kleine, sinnreich konstruierte Geräte auf, die es ermöglichten, die heiße Pfeife aus der Hand zu legen und auf einer festen Unterlage abzustellen.

Angezündet wurden die Pfeifen mit einem Fidibus, den man seinerseits an Kerzenflammen oder der Feuerstelle entfachte. Der Name Fidibus ist wahrscheinlich auf die Billets zurückzuführen, mit denen die Studenten zu ihren, häufig heimlichen, weil verbotenen, Tabakskollegien einluden und die mit der Anrede »Fidelibus fratribus...« (»Den treuen Brüdern...«) begannen. Sie wurden bei den abendlichen Sitzungen zusammengerollt, als Pfeifenanzünder verwendet und auf diese Weise aus der garstigen tabakfeindlichen Welt geschafft.

Tonpfeifen kamen und kommen auch heute noch – abgesehen von den in vielen Farben erhältlichen lackierten – weiß, schwarz und rot auf den Markt. Auch die schwarzen sind ursprünglich weiß. Im Gegensatz zu ihren helleren Geschwistern werden sie zweimal gebrannt; das zweitemal in verschlossenen Tongefäßen zusammen mit Holzkohle. Rote Pfeifen entstehen aus einer Mischung von Ton und Lehm. Unterschieden werden die Pfeifen nach der Größe und Art des Kopfes, nach der Länge des Rohres und dem Dekor. Heute schätzt man glatte, schlichte Formen.

Obwohl die Tonpfeife ihrer Zerbrechlichkeit wegen keine ganz ideale Pfeife ist, hat sie sich durch die Jahrhunderte doch tapfer gegen ihre glücklicheren Konkurrentinnen gehalten. Es ist aus ihr trefflich zu rauchen, wenn man sich nur die Muße nimmt und nicht durch zu schnelles Ziehen aus ihrem Kopf einen Hochofen macht. Das poröse Material nimmt viel Kondensat auf, wenn es ›vollgeraucht‹ ist, wird die ja nicht sehr teure Pfeife weggeworfen. Es gibt neuerdings auch als ›Stecker‹ gearbeitete, den Holzpfeifenformen nachempfundene kurze Tonpfeifen mit Kautschukmundstücken. Ich bin von diesen Stücken nicht begeistert und empfehle meinen Freunden, sich statt dessen Tonpfeifen mit langen Mundstücken zuzulegen. Aus ihnen läßt es sich wegen der größeren Entfernung zwischen Mund und Glutzone kühler rauchen. Wer den trockenen Ton an Lippen und Zähnen nicht verträgt, gibt auf das Ende des Mundstückes einen Tropfen geschmackloses Speiseöl. Tonpfeifen werden nicht eingeraucht, sondern von Anfang an randvoll gestopft.

Weshalb ich eine Pfeife, deren Bedeutung heute doch recht nebensächlich ist, ausführlicher bespreche, hat seinen Grund in einem Vorzug, den keine andere Pfeife mit ihr teilt. Ich denke an die willkommenen Dienste, die sie uns leistet, wenn ein Gast ins Haus geschneit kommt und nach einem Griff in die Jackentasche feststellt: »Ich habe meine Pfeife vergessen.«

Ein als Edel- und Salonschnorrer in Deutschland berühmt gewordenes Original sprach mich einmal, nachdem er mir eine ganze Weile sinnend beim Pfeifenrauchen zugesehen hatte, an: »Wissen Sie, warum ich nicht Pfeife rauche?«, fragte er. Ich hatte keine Ahnung. »Schau'n Sie«, meinte das Unikum, »a' Zigarettn oder a' Zigarrn bekommt man überall angeboten, aber wer läßt sich schon a' Pfeifn abschnorren?«

Nun bieten wir unseren Gästen selbstverständlich von unserem Tabak an. Ich halte sogar für verschiedene Geschmacksrichtungen ›Gästetabak‹ vorrätig – aber Pfeifen?

Die Tonpfeife ist die Retterin aus der heiklen Situation. Sie wird dem Freund angeboten, und wenn er geht, nimmt er sie einfach mit.

Noch einen letzten Tip zum Kapitel Tonpfeifen: Wenn Sie eine neue Tabaksorte ausprobieren wollen und keine Pfeife ›frei‹ haben – Tonpfeifen sind gerade für dieses Geschäft richtig.

Eine der wenigen Gelegenheiten, bei denen Tonpfeifen noch in der Öffentlichkeit geraucht werden, ist die berühmte, alljährlich am zweiten Freitag im Februar im großen Rathaussaal zu Bremen stattfindende Schaffermahlzeit.

Dieses älteste deutsche ›Brudermahl‹ wird seit 1545 von der bremischen Stiftung ›Haus Seefahrt‹ angerichtet. Bei einfacher Schifferkost und einem dicken malzreichen, alkoholfreien ›Bier‹ sprechen bremische Kaufleute, Reeder und Kapitäne mit ihren Gästen in zwangloser Weise über die Fragen der Seehafenwirtschaft und ihrer Verflechtung mit dem Binnenland.

Die Fremden, die nach den Statuten der Stiftung nur einmal Gäste der Schaffermahlzeit sein können, haben, wie ihre Gastgeber, im Frack zu erscheinen. Nach Tisch raucht man kräftigen Tabak aus langen Tonpfeifen.

Die Schaffermahlzeit soll übrigens die einzige Gelegenheit gewesen sein, bei der man Bundeskanzler Adenauer mit einer Pfeife im Mund gesehen hat.

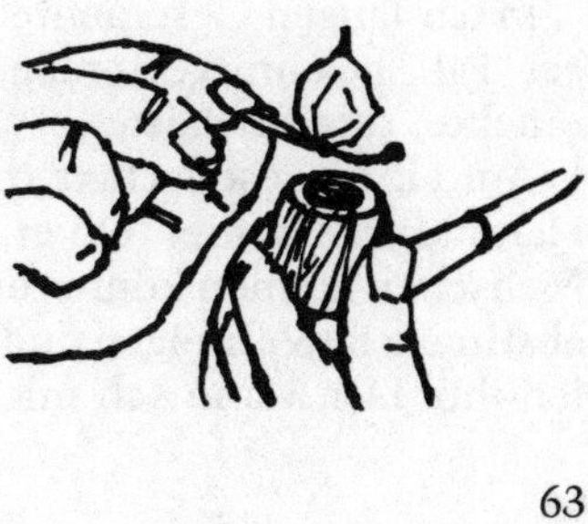

LEKTION IV

Wenn Ihnen die Tabakgötter gnädig gesonnen sind, wird der Tag kommen, an dem Sie zehn, zwanzig oder noch mehr Pfeifen besitzen, eine schöner und brillanter schmeckend als die andere.

An einem solchen Tag, vielleicht gerade an jenem, an dem Sie die großartigste, die kolossalste Neuerwerbung Ihrem Bestand zufügen wollen, wird ein Ignorant dastehen, irgendein Dummkopf wird kommen, und er wird die Nase rümpfen und Ihnen mit vor Neid und Besitzgier flimmerndem Blick vorrechnen, wieviel Geld Sie einer gänzlich törichten Leidenschaft opfern, wie das in die Luft geblasene Vermögen anderwärts reichlich Zinsen trüge, er wird auf sein eigenes, erdarbtes Häuschen hinweisen, auf ein Sparkonto oder Wertpapierdepot.

Um Ihres Seelenfriedens willen rate ich Ihnen, den Kerl – auch wenn er Ihr bester Freund sein sollte – am Kragen zu nehmen und vor die Tür zu setzen.

In der langen Geschichte des Rauchtabaks ist kein einziger Fall bekanntgeworden, daß sich einer, nur weil er rauchte, ruiniert hätte.

Auf einer Gesellschaft traf ich einmal einen bekannten Hamburger Bankier. Ob er mir aus seinem Klientel einen Menschen nennen könne, der es allein wegen seiner Tabakabstinenz zu Vermögen und Reichtum gebracht habe, fragte ich ihn. Der Mann sah mich mit einem unbeschreibbaren

Vom Tabak und vom Tabakeinkauf

Blick an; er zog an seiner Pfeife, schwieg und ging davon. Wahrscheinlich war er zu gut erzogen, um mir mitzuteilen, daß er mich für einen sanften Irren hielt.

Es gibt – dem Himmel sei Dank – Dinge auf dieser Welt, die mit Geld und Geldeswert nicht aufzuwiegen sind. Es sind die Freuden, die sich jedwedem buchhalterischen Kalkül, allen Voranschlägen, Berechnungen, Haushaltsplänen und was dergleichen abscheuliche Erfindungen verstaubter Kalkulatorengehirne mehr sind, entziehen. Um zu verstehen, was ich meine, muß man den Verstand verlieren können beim Anblick einer schönen Frau, muß die Fähigkeit besitzen zu weinen, wenn ein Kind weint, und man muß manchmal schreien. Vor Lebenslust und ohne allen Sinn.

Doch die IV. Lektion müssen Sie deshalb trotzdem lernen. Seit Lektion III besitzen wir eine Pfeife, Pfeifenbesteck und -putzer und Streichhölzer. Jetzt wäre es an der Zeit, mit den Rauchzeremonien zu beginnen. Aber erst müssen wir noch Tabak kaufen.

Ähnlich wie bei den Pfeifen ist es auch hier: Das Angebot erscheint dem Anfänger unübersehbar, er wird unsicher und droht auszubrechen. »Das ist mir zu kompliziert, das lerne ich nie!« stöhnt er.

Nun sieht die Sache für den, der sich zum erstenmal mit ihr befaßt, schlimmer aus, als sie ist. Bis der Mond einmal sein Gesicht wechselt, sind die Anfangswehen vergessen, und wir wundern uns, daß es eine Zeit gab, in der wir so herzlich wenig vom Tabak und seinen Freuden wußten.

Tabakpfeifen gleichen Frauen. Sie lassen sich gern verwöhnen, sie sind für Aufmerksamkeiten empfänglich und lohnen sie mit verschwenderischer Hingabe.

Ein Mann von Geschmack wird in seine Pfeife deshalb nie etwas anderes tun als einen feinen, sorgfältig ausgewählten Tabak aus gutem Haus.

Wer sich als Anfänger nicht selbst in das Abenteuer des Suchens und Wählens stürzen will, dem empfehle ich als ersten Tabak eine Cavendish-Zubereitung. Diese Tabake brennen sehr gleichmäßig, sie sind im Rauch angenehm kühl, mild und brennen nicht auf der Zunge. Es sind durchaus Tabake, mit denen man sich verheiraten könnte, aber sie eignen sich nach meiner Erfahrung auch besonders gut für einen ersten, verliebten Flirt.

Ein Anfänger sollte nach übereinstimmender Expertenmeinung den besten Tabak rauchen, den es gibt. Mir hat nun noch kein Sachverständiger sagen können, welches der beste Tabak ist.

Der teuerste muß es nicht unbedingt sein. Die hohen Preise für gewisse Tabakmischungen sind nicht immer nur durch die Verwendung teuerster Rohtabake veranlaßt. Häufig spielen die kostspieligen Manipulationen, denen der Tabak im Bearbeitungsverfahren unterworfen wird, eine wichtige Rolle. Solche für die Zungen raffinierter Feinschmecker komponierte Mixtures müssen dem Anfänger durchaus nicht besonders zusagen. Ihm fehlt vorläufig ja zwangsläufig noch das Verständnis für die feine Nuance. Jetzt könnten wir mit dem Rauchen anfangen. Doch wir wollen den Dingen etwas vorgreifen und noch kurz etwas über *Schnittbreiten, Zubereitungsarten* und *Geschmacksrichtungen* der Tabake erfahren.

Wußten Sie eigentlich, woher das Wort Tabak kommt? Wenn nicht, bedeutet das durchaus keine Bildungslücke. Die Herkunft ist nämlich ungewiß. In deutschen Texten taucht das Wort zum erstenmal im 16. Jahrhundert auf, und zwar als Ableitung von dem spanischen *tabaco*. Man vermutet, daß die Spanier diese Bezeichnung aus einer karibischen Indianersprache entlehnten. Aber ganz sicher ist es nicht.

Im Englischen heißt der Tabak *tobacco,* im Französischen *tabac,* spanisch nennt man ihn *tabaco,* italienisch *tabacco* und der Russe sagt *tabak.* Man sieht, Fremdsprachen sind gar nicht schwer.

Die deutschen Steuergesetze kennen nur zwei Tabakarten:

Feinschnitt bis zu 1,5 mm Schnittbreite und
Pfeifentabak mit Schnittbreiten über 1,5 mm.

Diese Regelung ist völlig antiquiert und entspricht weder den Marktgegebenheiten noch den internationalen Normen.

In der Tabakverarbeitung mißt man deshalb auch etwas anders: Als Feinschnitt gelten dort Schnittbreiten zwischen ca. 0,3 mm und 0,65 mm.

Krüllschnitte einschließlich der sogenannten exklusiven Pfeifentabake, der *Mixtures* also, werden im allgemeinen mit 1,5 mm auf den Markt gebracht.

Cavendish-Zubereitungen, die wir gedanklich ebenfalls zu den Krüllschnitten zählen, gibt es von 0,9 mm an. Sie werden nur steuerlich als Feinschnitt behandelt.

Bis zu einer Schnittbreite von ca. 2,25 mm spricht man immer noch von *Krüllschnitten,* bis 3,5 mm heißt es *Mittelschnitt,* und was darüber ist, gehört zur Klasse der *Grobschnitte.*

Die große Masse der Rauchtabakmarken werden als ›Schnittabake‹ zubereitet, d. h., der Rohtabak wird nach einem vorangegangenen, komplizierten Fabrikationsverfahren geschnitten, abgewogen und ladenfertig verpackt.

Die hauptsächlich zum Selbstdrehen von Zigaretten Verwendung findenden *Feinschnittabake* kommen in langfaseriger Zubereitung in den Handel. Dagegen sind Pfeifentabake – mehr oder weniger – kurzgeschnitten.

Durch kleine handliche Packungen fallen die *Preßtabake (Flake Cut)* schon rein äußerlich sofort ins Auge. Solcher Tabak wird ähnlich wie Schnittabak aufbereitet, doch mittels Hydraulik zu Tabak-Kuchen zusammengepreßt und später in breite Riegel geschnitten. Diese wiederum werden in dünne Scheiben – *Flakes* – zerteilt.

Flake Cut kann man nicht direkt aus der Packung in die Pfeife stopfen. Er muß erst in der Handfläche zerkrümelt und aufgelockert werden. Duft und Wohlgeschmack der Preßtabake sind unbeschreiblich. Sie halten in der Packung praktisch unbegrenzt ihren optimalen Feuchtigkeitsgrad. Eine Schachtel Flake Cut läßt sich bequem auch im engsttaillierten Abendanzug unterbringen.

Wenn Ihnen Ihr Händler eine Tabakpackung vorlegt, auf der als Zubereitungsart *Ready rubbed* steht, so müssen Sie wissen, daß Sie es gleichfalls mit einem Preßtabak zu tun haben. Nur sind hier die dünnen Scheiben, die Flakes, in einer Wirbelkammer aufgelockert und in pfeifengerechte Flocken zerlegt worden. Die Arbeit des Zerkleinerns wurde Ihnen bei dieser Art also bereits abgenommen.

Granulated ist gekörnter Tabak. Auch er entsteht aus gepreßten Tabakkuchen. Diese werden aber nicht in Flakes zertrennt, sondern beim Schneidvorgang an der Maschine mit Ritzmessern auf Korngröße zerkleinert. Das einzelne Korn ist weiter nichts als ein winziges, festverpreßtes Blattteilchen.

Von den Vorzügen der als *Cavendish* bezeichneten Tabake haben wir bereits gehört. Über das Herstellungsverfahren ist nicht viel zu sagen, weil es von den Fabriken geheimgehalten wird. Die große Milde und Aromafülle wird durch eine zweite Fermentation bewirkt. Auch diese Gattung gehört in die Kategorie der Preßtabake und muß deshalb vor dem Stopfen in der Hand noch etwas gelöst und zerkleinert werden.

Ein mit dem Herstellungsvermerk *Crimp Cut* versehener Rauchtabak wurde vor dem Schneiden leicht gepreßt. Er ist immer kurzfaserig und hat eine ganz typische, durch ein spezielles Trocknungsverfahren bewirkte Kräuselung. Durch die Spezialbehandlung bekommt der Tabak einen besonders schönen und gleichmäßigen Brand.

Bevor Preß- und Schnittabake aufkamen, wurde aller Rauchtabak in einem Verfahren, daß der Flachsspinnerei entlehnt ist, zu daumendickem *Strangtabak,* ›versponnen‹

und in großen Rollen gehandelt. Eine Tabakspinner-Innung ist schon im Jahre 1657 in Hanau erwähnt.

Heute hat Strangtabak nur noch geringe, regionalgebundene Bedeutung. Die Tabakblätter werden zu einem endlosen Strang von 3–5 cm Stärke gerollt. Später werden hiervon Stücke abgeteilt, die je nach Länge und Beschaffenheit ›Doppelende‹, ›Stange‹, ›Brezel‹ etc. heißen.

Curly Cut nennt man den in Scheiben geschnittenen Strangtabak, der aus entrippten Blättern besteht, welche vor dem Verspinnen mit Olivenöl beträufelt wurden.

In Deutschland ist es im Gegensatz zu anderen Ländern, England und Dänemark zum Beispiel, nicht möglich, sich Tabakmischungen nach individuellem Geschmack im Geschäft zusammenstellen zu lassen. Die Steuergesetze (Banderolensteuer) sind dagegen. Das mag für manchen Pfeifenindividualisten betrüblich sein, für die große Masse der Raucher ist der bei uns herrschende Zustand eher ein Segen.

Die angebotenen Tabake sind durchwegs sorgfältig zusammengestellte Kompositionen, die in häufig komplizierten Aufbereitungsverfahren für den Geschmack des Rauchers zubereitet werden. Die breite Skala der verschiedenen Marken läßt jeden das ihm Zusagende finden.

Beim Tabak ist es wie beim Wein: Es ist unmöglich vorauszusagen, bei welcher Provenienz der Anfänger eines Tages bleiben wird. Er sollte aber getrost tun, was ihm im bürgerlichen Leben meistens verwehrt ist, und die Liebschaften hin und wieder wechseln. Dazu gehört weder viel Phantasie noch großer Mut, von dem geringen finanziellen Risiko nicht zu reden. Treue und Beharrungsvermögen sind zwar erhabene Tugenden, aber wer nicht ab und zu einmal einen Seitensprung wagt und nach einer neuen Packung greift, läuft Gefahr, daß ihm über dem Festhalten des Guten das Bessere entgeht.

Die Bekanntschaft mit den mannigfaltigen Erzeugnissen der einheimischen und möglichst auch internationalen Tabakindustrie erweitert den Geschmackshorizont, sie fördert das Wissen um die speziellen, mit unserer Leidenschaft zusammenhängenden Dinge und läßt uns allmählich zu Magistern der Tabakologie heranreifen.

Seine Sympathie verteilt der deutsche Pfeifenraucher heute im wesentlichen auf zwei Geschmacksrichtungen:

die englischen und

die amerikanischen Mixtures.

Die ersteren werden hauptsächlich von Virginia-Tabaken bester Herkunft getragen. Den herben, rauchigen Beigeschmack – manche nennen ihn ›Pferdestallaroma‹ – erhalten englische Mischungen vor allem durch die Beigabe des kohlschwarzen Latakia-Tabakes. Latakia stammt aus Syrien; sein jedem Raucher bekanntes Aroma erwirbt er durch die dort übliche Feuertrocknung.

Amerikanische Mixtures enthalten einen großen Anteil an Burley-Tabaken, die durch spezielle Bearbeitungsmethoden und starkes Soßieren ihre besondere Milde und Süße entwickeln. Abgerundet werden diese Mischungen durch Würztabake wie Latakia und Perique.

Geringe Bedeutung auf dem deutschen Markt haben heute die einstmals hochgeschätzten Tabake holländischer Geschmacksrichtung. Wenn von ihnen die Rede ist, sind in der Regel leichte, gut brennende, weitgehend milde, naturbelassene Tabake, also ungeflavourte, gemeint.

Freunde reiner, dunkler Naturtabake greifen mit Vorliebe nach solchen von französischer Eigenart. Sie werden beinahe ausschließlich als Feinschnitte fabriziert. Auch ihr Marktanteil ist in Deutschland klein. Dagegen schätzt z. B. das Schweizer Publikum Tabake holländischer und französischer Art. Die schweizerische Rauchtabakindustrie pflegt denn auch das Geschäft mit diesen Sorten ganz besonders sorgfältig.

Der Tabakraucher unseres Jahrhunderts ist der verwöhnteste, den es je gab. Wenn auf einer Gesellschaft, im Eisenbahnabteil oder sonstwo jemand behauptet, es röche schlecht, es stinke gewissermaßen, und Sie dabei herausfordernd fixiert, halten Sie dem Blick ruhig stand. Guter Tabak stinkt nämlich nicht. Im Gegenteil, er vertreibt schlechte Gerüche.

Die Preisskala für Pfeifentabak beginnt für die 50-Gramm-Packung bei ca. neun Mark und endet bei ca. 30 Mark.

Pfeifenfreunde, die etwas auf sich halten, sorgen natürlich auch stets für einen kleinen Hausvorrat.

Die Gefahr des Verderbs oder des Verlustes der Feuchtigkeit und damit des Aromas ist bei dem hohen Stand der Verpackungstechnik gering. Über Tabakpflege unterrichten wir auf Seite 138ff.

Zur neuerworbenen Pfeife haben wir nun endlich auch den passenden Tabak gefunden. Das Abenteuer kann beginnen. Wir rauchen unsere erste Pfeife.

Joh. Gottfried Schadow (1764–1850) Mann mit Pfeife, Kreidezeichnung

4. Kapitel
Falscher Meerschaum und echtes Porzellan

Ein Mädchen, das schönste, das es je gab, hatte sein Herz an einen jungen Mann verloren. An einem Abend – ich vermute, im Monat Mai – standen sie engumschlungen unter einer Laterne und sie hauchte: »Liebst du mich, Liebster?«

Wenn ich jetzt »ja« sage, dachte der junge Mann, fällt mir die Meerschaumpfeife aus dem Mund und zerschellt in tausend Stücke. (Er hatte die Hände gerade nicht frei. Er mußte das schöne Mädchen festhalten.) Sie hat 50 Pfund gekostet. Das ist halb soviel wie ich in einer Woche verdiene. – Und er hielt den Mund fest geschlossen. Das schöne Mädchen wußte, was es sich schuldig war: Sie angelte sich einen Gesprächigeren und machte ihn zu ihrem Mann.

Merke: Schon mancher wurde, weil er die Pfeife im Mund festhalten mußte, daran gehindert, Dummheiten zu reden.

Wenn Ihnen Ihr Tabakhändler eine Pfeife anbietet, die nicht viel mehr kostet als ein Ei und ein Apfel, und er sagt, das Stück wäre aus ›Missouri-Meerschaum‹, dann denken Sie bitte nicht gleich an Naturmeerschaum bester Güte. Das Ding hat mit Meerschaum nicht das mindeste zu tun, es handelt sich vielmehr um eine aus Maiskolben gefertigte »Farmerpfeife«. Dieser Pfeifentyp hat in den USA Millionen Freunde, und auch bei uns, vor allem unter jungen Leuten, findet er ständig neue Parteigänger.

›Missouri-Meerschaum‹ ist heute eine Firmen- und Markenbezeichnung. Aber ursprünglich war es ein Neckname. So wie man bei uns zu Limonade ›Proletarier-Champagner‹ oder zu einer Ziege ›Bergmanns-‹ oder ›Eisenbahnerkuh‹

sagt, hänselte man die Farmer aus Missouri, die zuerst mit den bis dahin unbekannten Pfeifen auftauchten, mit ihrem ›Missouri-Meerschaum‹.

Ich möchte meinen Lesern diese Pfeifen empfehlen. Sie sind eine amüsante, leicht- und kurzlebige Variante unserer konventionellen Pfeifen. Es sind preiswerte und recht brauchbare Rauchinstrumente.

Die meisten Maiskolbenpfeifen werden in dem Städtchen Washington im Staate Missouri hergestellt. Rohstoff sind die Kolben der eigens für diesen Zweck gezüchteten Maissorte *Collier seed.* Diese Art liefert besonders große Kolben und hat auch die für die spätere Bearbeitung wichtige holzige Faser. Die Pflanzen von Collier seed sind so kräftig, daß ein kleiner Junge an ihnen hochturnen kann. Die Kolben müssen gut ausreifen, sie werden nach der Ernte getrocknet und, mit dem Blick auf die Güte des späteren Endproduktes, je nachdem bis zu fünf Jahren gelagert.

Die für die Fabrikation ausgesuchten Stücke werden zersägt, das Mark ausgebohrt und die Teile auf der Drehbank zugerichtet und geglättet. Hierauf erfolgt eine Nachbearbeitung mit Sandpapier. Das Innere der Köpfe erfährt eine Behandlung mit Pariser Gips. Zuletzt werden die Kolben poliert, Löcher werden eingebohrt und Holm und Mundstücke eingesetzt.

Früher waren die Holme der Maiskolbenpfeifen gewöhnliches Schilfrohr. Heute verwendet man sehr weiches Holz, das durch eine Bearbeitung in seiner äußeren Struktur dem Aussehen des Kopfes angepaßt wird.

In Deutschland kommen die Pfeifen teilweise auch mit Perlbambusrohren oder Para-Kautschukmundstücken ausgerüstet in den Handel. Es gibt über 50 verschiedene Modelle, also praktisch für jeden Geschmack und jedes Gesicht das Passende.

Die Anforderungen, die man an die Haltbarkeit der Maiskolbenpfeifen stellt, sind gering. Sie kosten nicht viel, und wenn – was selten genug vorkommt – wirklich einmal eine durchbrennt, wird niemand davon großes Aufhebens machen. Die Maiskolbenpfeife hat einige sehr schätzbare Vorzüge. Da ist vor allem der niedrige Preis. Man verschmerzt sie leicht, wenn sie zum Beispiel beim Sport, auf dem Wasser, beim Skilaufen etc. verlorengeht. Sie sieht schick aus, ist federleicht, unempfindlich und nicht sehr zerbrechlich. Ihre besten Eigenschaften liegen aber in dem Umstand, daß sie angenehm kühl und trocken zu rauchen ist. Das Material saugt viel Feuchtigkeit auf, und deshalb kann auch ein aufgeregter Raucher an ihr ziehen, ohne fürchten zu müssen, gleich wegzuschwimmen.

In Deutschland kommen auch Maiskolbenpfeifen mit einem massiven Anstrich auf den Markt. Sie sehen zwar ›schön‹ aus, aber ich empfehle, bei den naturfarbenen, beziehungsweise nur gefirnisten und polierten zu bleiben.

Da der Holm meistens etwas in die Pfeife hineinragt, gerät er in die Glimmzone, und deshalb schmeckt die Pfeife, vor allem am Anfang, manchmal nicht besonders gut. Dem Übel ist dadurch leicht abzuhelfen, daß man eine kleine durchbohrte Münze oder einen Metallknopf auf den Grund des Pfeifenkopfes legt. So wird eine von der Glut freie Zone über dem Holmstummel geschaffen und außerdem das Durchbrennen der Pfeife verhindert. Die Maiskolbenpfeife wurde für den Massenkonsum entwickelt. Ihr Leben ist, verglichen mit dem der Bruyèreholzpfeifen, kurz. Es endet spätestens dann, wenn sich der Kopf so mit Kondensat vollgesogen hat, daß der Tabak bitter schmeckt. Dann wird sie ohne Bedauern weggeworfen.

Nach der Besprechung eines Außenseiters, aber eines durchaus brauchbaren und liebenswürdigen in unserem Pfeifensortiment, führe ich nun, der Vollständigkeit wegen, eine Pfeifenart vor, die heutzutage nur noch Kuriositätswert hat: *Die Porzellanpfeife.* Um es gleich im vorhinein zu sagen: Ein großes Genußerlebnis haben diese Pfeifen nicht zu bieten. Mit ihrer Größe, Unförmigkeit und ihrem häufig erschreckend geschmacklosen Aussehen erscheinen sie uns wie fossile Überbleibsel einer vergangenen Zeit. Mein Pfeifenhändler weigert sich energisch, sie in seinem Geschäft zu führen. Sie müssen aber immer noch Freunde haben, denn in manchen Auslagen und Katalogen sind sie zu finden.

Bald nach der Erfindung des Porzellans, also am Anfang des 18. Jahrhunderts, begannen die Porzellanmanufakturen damit, Pfeifen auf den Markt zu bringen. Zuerst bildete man einfach die damals hauptsächlich benützten Tonpfeifen nach, doch bald kam man dahinter, daß mit Porzellanpfeifen mit geradem Mundstück kein Staat zu machen war. Deshalb fabrizierte man nur noch die Köpfe einschließlich ›Abguß‹ und Holmstutzen und gab Holm und Mundstück – das Gesteck also – aus Holz, Horn, Geweih, Bernstein etc. extra dazu.

Daß aus einer solchen Pfeife mit Genuß zu rauchen war, halte ich für ausgeschlossen. Nur wenige Leute besaßen genügend Geld, um sich eine größere Anzahl Pfeifen halten zu können. Es wurde also in der Regel immer ein und dieselbe hergenommen. Wer jemals aus einer Porzellanpfeife rauchte und erfahren hat, was sich da bedingt durch die Undurchlässigkeit des Materials innerhalb einer einzigen Füllung an Kondensaten bildet, kann ahnen, wie es um die Hygiene und Sauberkeit so eines Rauchapparates ausgesehen haben mag.

Aber das ist nur das eine. Es gab früher keine Markentabake von stets gleichbleibender Güte und unveränderlichem Wohlgeschmack. Man war, selbst wenn man immer dieselbe Tabaksorte kaufte, mehr oder weniger vom Zufall abhängig. Der Tabak wurde beim Händler zwischen Gewürzen und Spezereien, unter ›Kolonialwaren‹, Fetten und Ölen gelagert. Es gab keine aroma- oder gar klimafeste Verpakkung.

Dem unschuldigen Rauchkraut wurde auch zuvor schon durch die Unkenntnis der Pflanzer und den ständigen Klimawechsel, durch Feuchtigkeit und Nässe so viel Unbill angetan, daß es sich beinahe wie ein Wunder anhört, wenn man erfährt, daß unsere Vorfahren das Endprodukt mit großem Vergnügen aus ihren Porzellanpfeifen rauchten. In punkto Geschmacksnerven müssen diese Männer harte, ausgepichte und unempfindliche Burschen gewesen sein.

Ihre Glanz- und Blütezeit erlebte die Porzellanpfeife zusammen mit der Meerschaumgesteckpfeife während des Biedermeiers. Sie wurde zum Symbol dieser Zeitepoche.

Der deutsche Spießbürger mit Zipfelmütze, Pantoffeln und langer Gesteck-Porzellanpfeife, in unzähligen Illustrationen festgehalten, ist in den Vorstellungen der Nachwelt erhalten geblieben.

Ein Mann ohne lange Pfeife war damals kein Mann. Jeder Beruf und Stand hatte seine eigenen Pfeifen. Es gab: Studentenpfeifen, Jägerpfeifen, Fuhrmannspfeifen, Eisenbahnköpfe, Richterpfeifen, Pastorenpfeifen, Reservistenpfeifen usw. usw. Die Liste ist endlos.

Die Gestecke waren oft üppig herausgeputzt, und es gab kein auch nur einigermaßen taugliches Material, das nicht zur Verwendung herangezogen worden wäre.

Die Köpfe zeigen teilweise entzückend hübsche Dekors und Bebilderungen, sie weisen Amüsantes und manches zeitgeschichtlich Interessante auf. Es gibt naive Volkskunst en masse und schließlich – leider – zum allergrößten Teil Kitsch und Schund der letzten Güte.

Zum Genußwert der Porzellanpfeifen ist das wesentlichste schon gesagt. Sie rauchen sich, das liegt an der Eigenart des Materials, heiß und naß. Der Tabak kann sein gutes Aroma nicht voll entfalten. Die riesigen Füllmengen für die tassengroßen Köpfe kann nur ein Mensch bewältigen, der nichts anderes zu tun hat, als sich von früh bis spät seinen Pfeifen zu widmen.

Der schlechte Geschmack wird erst erträglicher, wenn sich eine dicke Kohleschicht in so einem Tabakmeiler gebildet hat.

Wenn man sie jedoch schon nicht mit Anstand rauchen kann, die Porzellanpfeifenköpfe, so stellen sie dennoch wenigstens dankbare Objekte für Antiquitäten- und Raritätensammler dar.

Ich kenne einen pensionierten General, der im Laufe von vierzig Schatzsucherjahren eine der absonderlichsten Sammlungen zusammentrug, die ich jemals zu sehen bekam. Der alte Kriegersmann sammelt nämlich nicht etwa irgendwelche x-beliebige Porzellanpfeifenköpfe, nein, er spekuliert partout nur auf solche, die mit Bildmotiven aus dem Leben der Wilderer geziert sind. Ein saures Stück Arbeit.

Eines Tages erfährt er, daß in einem Dorf im bayerischen Oberland ein Kleinbauer lebt, der eine ganze Menge Porzellanpfeifen besitzt. Mindestens ein Dutzend davon sollen Wildererszenen aufweisen. Sofort hinfahren, ist die erste Reaktion des vielerfahrenen Generals. Aber dann kommt ein Freund und nimmt ihn zur Jagd mit. So eilig ist die Sache nun auch wieder nicht, beschwichtigt der General sein Sammlergewissen; es wird mir schon nicht gleich ein anderer zuvorkommen. Doch wie er am nächsten Tag vor dem Haus jenes Bauern eintrifft, sieht er, wie dessen Enkel, ein hemdenmatziger Dreikäsehoch, auf dem Pflaster des Hofes sitzt und mit einem großen Hammer Pfeifenköpfe zu Scherben zertrümmert.

Fünfzig oder noch mehr Jahre mag die Sammlung in irgendeinem Winkel des Hauses unbeachtet herumgelegen haben; doch ausgerechnet an jenem Morgen gab der Großvater dem Enkel das ›Gelump‹ zum Spielen und Kaputtmachen.

Mein General war nahe daran, schwermütig zu werden.

LEKTION V

Nein, es ist wirklich keine. Es ist eine Fertigkeit gleich tausend anderen und erlernbar wie Autofahren, Cocktails mixen oder eine Smokingschleife binden.

Daß trotz dieses Sachverhaltes immer wieder Versuche ergebnislos abgebrochen werden und potentielle Pfeifenraucher die Lust verlieren, muß daran liegen, daß es Menschen gibt, die wohlgemeinte Ratschläge grundsätzlich für dumme Witze halten und deshalb einer Pfeife wie einem Dauerlutscher zuleibe rücken.

Gewiß, es gibt Genies, die nehmen eine Pfeife in die Hand und sind mit ihr vertraut, als wären sie damit zur Welt gekommen. Doch solche Naturbegabungen sind selten. Für die anderen haben die Götter vor den Preis den Schweiß des Lernens gesetzt. Zum Glück ist dieses Lerngeschäft aber der vergnüglichsten eines! Wir haben eine Pfeife, wir haben Tabak und Feuer, und es wäre nun an uns, darauf loszupaffen, was das Zeug hält. Doch ich warne Sie: Das Zeug hält nicht, was man sich davon verspricht. Unser Tabakofen wird entsetzlich heiß, er schmeckt nach allem möglichen, nur nach nichts, was mit der Gedankenverbindung ›gut‹ etwas zu tun hätte, die Zunge wird pelzig von beizender Nässe. Ehe die erste Füllung zu Ende geraucht ist, haben wir die Nase voll und werfen die schöne neue Pfeife in die Schublade und den Tabak hinterher. Mag das Zeug dort bis zum Sankt-Nimmerleins-Tag bleiben.

Pfeifenrauchen ist keine Kunst

Die Schnellen, die Alleskönner und Unbelehrbaren werden immer wieder solche Versuche unternehmen. Weil Pfeifenrauchen gerade letzter Schrei ist, weil die augenblickliche ›Flamme‹ Pfeifenrauchen schick findet oder weil man den anderen endlich beweisen will, daß man auch kann, was diese können.

Sie werden immer wieder scheitern, weil sie das bißchen Pfeifenlatein nicht lernen wollen, das man beherrschen muß, um Tabak zu genießen.

Es kann nicht oft genug gesagt werden: Pfeifenrauchen ist eine vergnügliche Angelegenheit. Da brennt nichts auf der Zunge und schmurgelt nichts im Pfeifenkopf, das schmeckt herrlich kühl und duftet. Das schmeichelt selbst der Nase eines Tabakekels, das ist wie Verzauberung, ist träumen mit wachen Sinnen, dahingleiten auf blauen Rauchsegeln, das ist Ruhe, Erholung und Aufforderung, Mut zu fassen zu neuem Tun. – Mir ist es unverständlich, daß es Männer gibt, die etwas anderes als Pfeife rauchen.

Eine neue Pfeife muß für ihre Lebensaufgabe vorbereitet und erzogen werden, sie braucht so etwas wie eine gute Kinderstube, damit sie sich später so benimmt, wie wir es von ihr erwarten. Sie muß eingeraucht werden. Der Engländer nennt diesen Vorgang deshalb auch bezeichnenderweise *breaking in*.

Früher, vor dem Ersten Weltkrieg, hielten sich vermögende Herren, Hamburger Senatoren und Münchner Kommerzienräte zum Beispiel, Dienstleute für dieses Geschäft. Sie kauften zu einer neuen Pfeife zwei Mundstücke. Eines davon wurde zusammen mit dem Pfeifenkopf und einem Pfund Tabak dem Dienstmann ausgehändigt. Er hatte den Kanaster zu schmöken und die schließlich eingerauchte Pfeife wieder an seinen Auftraggeber abzuliefern. Bei dieser Methode kamen beide Seiten auf ihre Rechnung: Der Dienstmann zu einem kostenlosen Rauchvergnügen und der noble Herr zu einer gut eingerauchten Pfeife. Der Sinn des Einrauchens ist, das Pfeifenholz an den Verbrennungsprozeß zu gewöhnen. Bruyèreholz ist ein organischer Stoff,

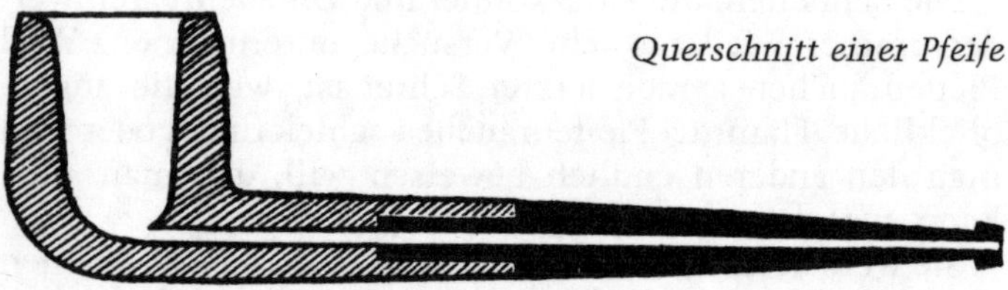

Querschnitt einer Pfeife

der bei zu großer Hitze selbstverständlich verbrennen würde. Die beim langsamen und regelrechten Einrauchen entstehenden Ablagerungen bilden eine Isolierschicht im Inneren des Kopfes und schützen das Holz – wir sprechen auch in dieser Lektion noch immer ausschließlich von Bruyèrepfeifen – vor der direkten Berührung mit der Tabakglut. Einrauchen heißt also nichts anders, als eine Kohleschicht an den Wänden und auf dem Grund des Pfeifenkopfes aufzubauen.

Es gibt Einrichtungen, die das Einrauchen maschinell besorgen, und man kann vorpräparierte Pfeifen, die die Prozedur überhaupt unnötig machen, kaufen.

Ich selbst rauche jede neue Pfeife, gleichviel, aus welchem Stall sie kommt und wie kostbar sie ist, nach den herkömmlichen Regeln ein. Diese Erziehung ist keine Qual, sondern schon Teil eines späteren, größeren Vergnügens.

Wenn Sie eine Pfeife in die Hand bekommen, deren Kopf innen beschichtet ist, dann wissen Sie, daß es sich hier um Einrauchmasse handelt, die am Anfang die Kohleschicht ersetzen soll. Eine solche Pfeife muß nicht unbedingt eingeraucht werden. Mit der Qualität der Pfeife hat die Beschichtung nichts zu tun.

Ich weiß, Sie fiebern vor Ungeduld, Ihre neue Pfeife nun endlich stopfen und in Brand setzen zu dürfen. Wir fangen gleich damit an. Nur noch eine Bemerkung vorher: Sie haben wahrscheinlich schon davon gehört, daß manche Pfeifenliebhaber den jungfräulichen Kopf einer neuen Pfeife mit allen möglichen, manchmal geheimnisvollen Ingredienzen behandeln. Der eine schwört auf alten Sherry, manche reiben das Holz im Inneren des Kopfes mit Zitronensaft oder Orangen-Bitter ein, auch Zuckerlösung, Honig, gewöhnliches Wasser und dunkles Bier sollen zur Vorbehandlung tauglich sein.

Ich habe die meisten dieser Methoden auf ihren Nützlichkeitsgehalt geprüft und bin zu dem Ergebnis gekommen: Sie bringen nichts. Überhaupt nicht! Im Gegenteil, alkohol- und zuckerhaltige Substanzen werden dem Bruyèreholz eher gefährlich, denn bei ihrer Anwendung kommt es unter Umständen zu »Durchbrennern«.

Und nun füllen wir unsere Pfeife endlich mit Tabak. Beim erstenmal nur zu einem reichlichen Drittel, und zwar auf dem Boden des Kopfes locker, damit das Zugloch des Rauchkanals im Holm nicht verstopft wird. Nach oben zu drücken wir den Tabak stetig fester an. Während des Füllens drehen wir die Pfeife in der linken Hand, damit sich der Tabak schön Lage für Lage in den Pfeifenkopf schmiegt. Unsere Pfeife ist richtig gestopft, wenn wir beim Ziehen einen leichten Widerstand verspüren. Nun können wir also anzünden.

Ich nehme dazu am liebsten Zündhölzer. Gestattet ist aber auch der an einer Kerze entzündete Fidibus oder ein geruchlos brennendes Gasfeuerzeug. Wachszündhölzer und Benzinfeuerzeuge taugen wegen der Geschmacksbeeinträchtigung nicht für die Pfeife.

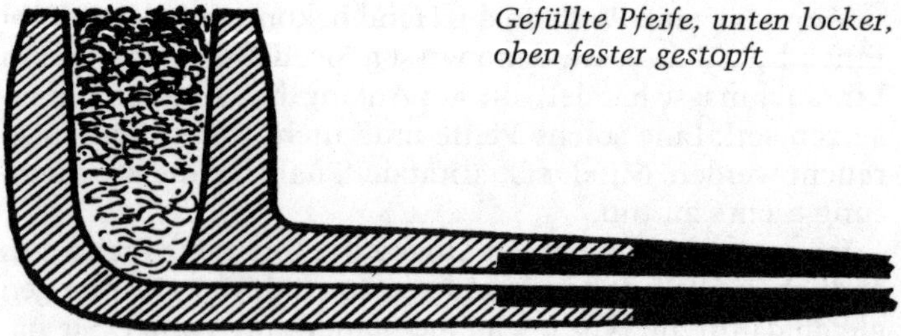

Gefüllte Pfeife, unten locker, oben fester gestopft

Während wir die Flamme des Streichholzes über die ganze Fläche des Pfeifenkopfes führen, saugen wir langsam und sehr bedächtig am Mundstück. Der Tabak beginnt zu glimmen. Unsere Pfeife raucht! Wir rauchen! Der Anfang ist gemacht.

Der Tabakraucher mag lässige Sünden gegen die Gebote der Götter seiner Leidenschaft begehen – sie werden ihm stets verziehen. Er sündigt aber unentschuldbar wider den Geist und bringt sich selbst um alles Vergnügen und jeden Genuß, wenn er sich seiner Pfeife nicht mit Ruhe und Bedacht nähert. Hast und Eile und Pfeifenrauchen passen nie und nimmer zusammen. Die meisten Miseren bei der Begegnung mit Pfeifen haben ihre Ursache darin, daß der noch unerfahrene Eleve das erste Gebot aller Tabaksatzungen ›Ruhe bewahren‹ verletzt.

Denken Sie bitte daran, langsam und bedächtig zu rauchen und gewissermaßen durch die Pfeife zu atmen. Eine Pfeife, die qualmt, wird zu hastig geraucht. Pfeifenkopf und Rauchstrom werden heiß, der Rauch beleidigt Zunge und Gaumen.

Ein in Betrieb befindlicher Pfeifenkopf hat dann die richtige Temperatur, wenn er, mit dem Handrücken in Berührung gebracht, als nicht zu heiß empfunden wird. Wenn es auf der Zunge brennt, liegt das nicht am Tabak – wenigstens in der Regel nicht – und auch nicht an der Pfeife, es liegt an dem nervösen Raucher.

Nach dem Anzünden wird sich der Tabak erst einmal aufbäumen. Es ist, als wehre er sich gegen die Feuerglut, und er droht über den Rand des Pfeifenkopfes zu quellen. Mit dem Stopfer des Pfeifenbestecks wird er niedergehalten.

Erhitzt sich der Rauchstrom trotz ruhigen Ziehens zu stark, dann muß wie bei einem Ofen der Zug gedrosselt werden. Abermals tritt der Stopfer in Aktion und drückt die Brandfläche vorsichtig und gleichmäßig so lange nach unten, bis wir Widerstand beim Ziehen spüren.

Der Tabak darf immer nur glimmen, niemals brennen.

Zur Rekapitulation: Läßt der leichte Widerstand des Rauchstromes beim Ziehen nach, glimmt der Tabak zu heftig oder zeigt sich auch nur das geringste Zeichen von Hitze – dann nachstopfen! Es macht nichts, wenn die Pfeife bei dem Geschäft einmal ausgeht. Wir zünden sie in aller Ruhe neu an. Und immer daran denken: Langsam und bedächtig ziehen!

Die Asche soll wie ein Deckel über der Glut liegen, sie wird also nicht abgeschüttet.

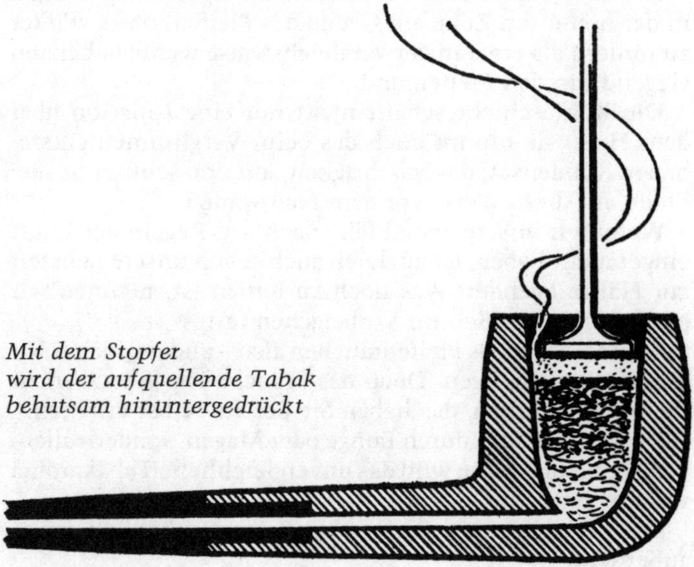

Mit dem Stopfer wird der aufquellende Tabak behutsam hinuntergedrückt

Ist der Tabak restlos verglommen – ich hoffe, Sie hatten bei dieser ersten Pfeife einen Vorgeschmack auf die Genüsse, die Sie noch erwarten – geben wir unserem Tabaköfchen Zeit, zu erkalten. Die Asche – und nur diese, und nicht etwa ein angekohlter Tabakrest, soll zum Schluß noch in der Pfeife sein – klopfen wir nicht aus, sondern lassen wir bis zum Erkalten der Pfeife im Kopf. So kann sie allenfalls entstandene Feuchtigkeit aufsaugen.

Merken Sie bitte: Die Pfeife soll ausgeraucht werden. Ist uns das aus irgendeinem Grund einmal nicht möglich, wird sie mit dem Löffel des Pfeifenbesteckes sofort ausgeräumt.

Daß wir unsere neue Pfeife nach dem ersten Anrauchen nicht gleich wieder in Betrieb setzen dürfen, wissen wir bereits. Wir beschäftigen uns einstweilen mit einer ihrer Schwestern. Bis zum dritten Mal füllen wir immer nur bis zu einem guten Drittel mit Tabak. Erst dann erhöhen wir die Menge langsam von Mal zu Mal, bis schließlich beim achten oder zehnten Versuch voll bis zum Rand gefüllt wird.

Dieses Verfahren hat den Zweck, die Kohleablagerungen in der heißesten Zone am Grund des Pfeifenkopfes stärker zu fördern als etwa in der vergleichsweise wenig beheizten Gegend um den Pfeifenrand.

Die Kohleschicht schafft nicht nur eine Isolation über dem Holz, sie nimmt auch das beim Verglimmen entstehende Kondensat, die Feuchtigkeit, auf und schützt unsere Pfeife auf diese Weise vor dem Naßwerden.

Wenn wir unsere erste Pfeife nach den Regeln der Zunft eingeraucht haben, ist zugleich auch schon unsere Lehrzeit zur Hälfte beendet. Was noch zu lernen ist, nehmen wir jetzt gewissermaßen im Vorbeigehen mit.

So einfach ist das Pfeifenrauchen also – und ist doch solch ein Riesenvergnügen. Doch das brauche ich ja jetzt nicht mehr anzumerken, das haben Sie bereits selbst erfahren.

Übrigens: Nicht durch Lunge oder Magen, sondern allein von Mund und Nase wird das unvergleichliche Tabakaroma wahrgenommen.

Inhalieren ist deshalb unnötig – und schädlich ist es außerdem.

5. Kapitel
Eine Pfeife für den Diwan: Die Nargileh

Die Frage, von welchem Alter an einem jungen Mann das Rauchen zu gestatten ist, beschäftigt sorgende Eltern auch in unserer freizügigen Zeit manchmal noch recht heftig.

Alle Jungen probieren es – einige Jahre bevor es ihnen erlaubt wird und lange bevor es ihnen guttut – mit dem indianischen Kraut. Die Triebfeder für die ersten, heimlichen Versuche ist die Neugierde. Die Wirkungen und Folgen dieser Experimente sind bekannt. Im medizinischen Sinn ist die oft beschriebene Übelkeit gelegentlich des ersten Raucherlebnisses eine schlichte Nikotinvergiftung.

Nachdem man weiß, wie es ist, wendet sich der jugendliche Erfahrungsdrang bald wieder anderen, weniger folgenschweren Vergnügungen zu.

Der zweite Anlauf aber ist ernster zu nehmen, denn er entscheidet häufig darüber, welcher Raucherfakultät man ein Leben lang angehören wird. Der Anstoß, es abermals mit dem Rauchen zu versuchen, liegt in den frühen Jahren selten ausschließlich in dem Streben nach einem neuen Genußerlebnis, sondern vielmehr mindestens teilweise im noch nicht voll entwickelten Selbstwertgefühl, das einer Stütze bedarf. An der Pfeife im Mund findet der junge Mann häufig den Halt, den er zur Entfaltung seiner Persönlichkeit braucht. Unsere eingangs des Kapitels angeschnittene Frage aber ist mit solchen Feststellungen immer noch nicht beantwortet. Nun setzt der Gesetzgeber von sich aus eine Grenze, die eine gewisse Orientierung gestattet. Das Jugendschutzgesetz verbietet nämlich Kindern unter 16 Jahren das Rauchen in der Öffentlichkeit. Ich meine, das ist ein vernünftiges Verbot, und man sollte deshalb den jungen Leuten auch zu Hause nicht gestatten, was der Gesetzgeber mit gutem Grund in der Öffentlichkeit für nicht wünschenswert hält.

Doch wie geht es weiter? Rauchen kostet Geld. Deshalb erlauben manche Eltern ihren Kindern das Rauchen, sobald diese ihren Unterhalt oder wenigstens einen erheblichen Teil davon selbst verdienen. Einer solchen Regelung liegt wohl die sehr einleuchtende Überlegung zugrunde, daß einen jungen Menschen, der über seinen eigenen Arbeitsverdienst verfügt, keine elterliche Autorität mehr hindern kann, auch selbst zu bestimmen, wie er es mit dem Rauchen halten will.

Bleibt immer noch zu fragen, nach welchen Gesichtspunkten jene jungen Herren zu behandeln sind, die über kein Einkommen, sondern nur über ein von den Eltern gegebenes Taschengeld verfügen. Es sind dies vor allem Oberschüler und Studenten.

Für meine Begriffe ist die Überlegung, darf der Sohn rauchen oder nicht, gar nicht so vordergründig eine Geldfrage, sondern eher die: »Was soll er rauchen?«

Kein Vater sieht es gern, wenn der Filius das sauer verdiente Geld ohne allen Sinn und Verstand als nervöser Kettenraucher in die Luft pafft. Nicht einmal dann, wenn das Geld zum Kauf der Zigaretten von dem jungen Mann selbst verdient wurde.

Nun macht Unmaß sowieso jeden Genuß fragwürdig. Er schadet der Gesundheit und verdirbt den Charakter. Ich rate ratlosen Vätern deshalb: Stören Sie das gute Verhältnis zu Ihrem Jungen nicht, indem Sie sich mit ihm über eine so beglückende Sache, wie es das Tabakrauchen ist, zerstreiten. Erinnern Sie sich bitte, was Ihr eigener Herr Papa seinerzeit mit Verboten und Strafen bei Ihnen ausgerichtet hat und tun Sie das einzig Vernünftige: Kaufen Sie vier anständige Pfeifen und lehren sie Ihrem Nachwuchs, wie ein Gentleman daraus raucht: »A man, who has a pipe, is ripe«, sagt man in England. (Ein Mann, der eine Pfeife besitzt, ist reif, er ist ein Mann.)

Wenn Sie bequem in Ihrem Faulenzer liegen und behaglich durch Ihren Tabakofen atmen, dann wird Ihnen der Gedanke, daß eine Pfeife sehr viel anders konstruiert sein könnte als die, die Sie gerade im Mund haben, abwegig erscheinen. Und doch gibt es auf der Welt ein paar Dutzend Pfeifenarten, die sich recht grundsätzlich voneinander unterscheiden. Der Umstand beweist, wie intensiv sich der Mensch mit dem Rauchvergnügen beschäftigt hat und wie er stets auf der Suche nach der vollkommensten Form des Rauchgenusses war. Freilich, die Ergebnisse sind nicht immer gerade befriedigend ausgefallen, und ich würde Ihnen nicht empfehlen, sich wahllos in den Mund zu stecken, was man anderswo für brauchbare Rauchinstrumente hält.

Besonders erfindungsreich bei der Gestaltung von Tabakspfeifen waren seit jeher die Afrikaner. Es gibt kaum ein Material, an dem sich afrikanische Pfeifenmacher nicht versucht hätten, vom Bronzeguß bis zu den Samenkapseln wildwachsender Früchte. Die Afrikaner sind Tabaknarren. Schon 1684 berichtete ein Kapitän Cowley, daß die Hottentotten seinen Matrosen ihre Weiber für ein Stück Strangtabak überließen und den Haussanegern im Sudan sagte man nach, sie verkauften ihre eigene Mutter für eine Pfeife Tabak.

Im schwarzen Erdteil sind Pfeifen häufig Standes- und Würdezeichen. Es gibt Häuptlingsexemplare, deren Köpfe gut ein ganzes Paket Tabak fassen und die Rohre von 1½ m Länge haben.

Selbstverständlich spielen Tabakspfeifen im dunklen Erdteil auch als rituelle Geräte bei Geister- und Dämonenbeschwörungen eine nicht unwichtige Rolle.

Bemerkenswert ist die augenfällige Verbindung zu mittel- und südamerikanischen Pfeifenformen. Hier ist Volkskunst direkt von Kontinent zu Kontinent, also ohne den Umweg über Europa, ausgetauscht worden. Für uns haben die afrikanischen Pfeifen – ausgenommen die auf Seite 50f. beschriebene Kalabaschpfeife – nur kulturhistorischen und völkerkundlichen Anmerkungswert.

Auch in Europa und den USA werden durchaus nicht nur Bruyèreholzpfeifen geraucht. Nur spielen die aus anderen

Hölzern gefertigten und in ihren Formen manchmal recht unkonventionell erscheinenden Pfeifen eine untergeordnete Rolle. Einige sollen aber um der Vollständigkeit willen doch angeführt werden.

Wegen seiner guten Raucheigenschaften und des feinen waldmeisterähnlichen Geruchs wird Weichselholz zu Pfeifen verarbeitet. In Frankreich nimmt man die Vogel- oder Wildkirsche (Prunus avium) und sagt *Pipes en mérisier* dazu. Der Kopf und das lange Rohr sind in der Regel aus demselben Material, während das kurze Mundstück aus Naturkautschuk o. ä. gefertigt wird.

Ein recht anständiges Rauchgerät ist die *American briar,* die Breezewood-Pfeife. Sie wird aus dem Holz einer amerikanischen Erikaart, zum Teil aber auch aus Rhododendronholz gefertigt. Nur sehr gelegentlich taucht sie auf dem alten Kontinent auf.

Ebenfalls eine typische US-Pfeife ist die aus dem wohlriechenden *Hickoryholz.* Hickory ist eine Walnußart, es dient unter anderem zum Räuchern von dunklem Tabak und ist beliebt als Brennmaterial für Holzkohlengrills. Der Gebrauchswert der Hickorypfeifen ist gut, kann aber mit dem der Bruyèrepfeifen nicht konkurrieren. Sehr selten gewordenen sind Pfeifenköpfe aus *Thujaholz,* auch solche aus *Maserbirke* und *Ahorn* werden nur noch für einen kleinen, lokalen Bedarf hergestellt.

Sehr schön sind die – in der Form den Tonpfeifen nachempfundenen – *Schiffer-Pfeifen.* Sie haben in der Regel unter dem Kopf ein ›Füßchen‹, weshalb sie gut auf dem Tisch stehen. Der Kopf und das lange Rohr werden vorwiegend aus sehr harten tropischen Hölzern gearbeitet. Am häufigsten aus dem durch seine schönen Maserungen bekannten Palisander und aus Cocusholz. (Hat mit Cocosnuß nichts zu tun.)

Schließlich wären noch die asiatischen *Bambuspfeifen* zu erwähnen. In geringem Umfang werden sie auch in Europa gefertigt. Sie haben immer einen Einsatz aus Ton oder Meerschaum.

Bei uns hält jedes auf seinen Ruf bedachte Tabakgeschäft einige Wasserpfeifen für allenfallsige Interessenten bereit.

Die Stücke stammen meistens aus inländischer Produktion. Sie geben sich gar keine große Mühe, orientalisch auszusehen, und sie verdämmern ihre Tage – zum Ärger der mit dem Geschäft des Staubwischens beauftragten Azubis – zuoberst auf den Regalen. Wer sie wohl kaufen mag?

Ich habe mich bei einem Tabakhändler nach dem Schicksal der Pseudoorientalinnen erkundigt. »Die meisten werden für Faschingsfeste gekauft«, verriet mir mein Gewährsmann mit einem Schalkslächeln in den Augenwinkeln.

Wasserpfeifen kennt man schon sehr lange. Sie stammen aus Indien, wo schon vor dem Beginn unserer Zeitrechnung Pfeifen bekannt waren, bei denen der Rauch durch Wasser zum Munde des Rauchenden geleitet wurde. Sie hießen *Dhoom netra.* Geraucht wurden aus ihnen Heil- und Duftkräuter und mit Bestimmtheit auch Narkotika. Sie sind Vorläufer der auch heute noch auf dem indischen Subkontinent recht beliebten indischen Wasserpfeifen, den *Hookas.* Die Hooka besitzt einen imponierenden Pfeifenkopf, er ist so groß wie eine halbe Cocosnuß. Sie hat zwei außerhalb des Wasserbehälters nebeneinander liegende Rohre. Wegen ihrer Größe und Unhandlichkeit kann aus einer Hooka nur geraucht werden, wenn man sich dazu auf den Boden niederläßt.

Bald kam man dahinter, daß so ein Monstrum von Pfeife seine gewichtigen Nachteile hat, und konstruierte deshalb kleinere, handlichere Exemplare. Aus diesen mögen die ganz aus Metall gefertigten, sehr schönen chinesischen Wasserpfeifen entstanden sein. Sie besitzen im Gegensatz zu ihren indischen Ahnen nur einen ganz kleinen Pfeifenkopf und werden nicht mit geschnittenem, sondern mit zu kleinen Kugeln gedrehtem Tabak gefüllt.

In den von Arabern und Türken beherrschten Ländern entwickelte sich nach indischen Vorbildern die *Nargileh,* die auch bei uns gut bekannte Wasserpfeife. Sie erfreute sich einst in Vorderasien, auf dem Balkan und in Nordafrika großer Beliebtheit, und wenn ihre Bedeutung auch zurückgegangen ist, in den Vorstellungen der Mitteleuropäer gehört sie zum Vorderen Orient wie Minaretts, Karawanen und Märchen aus ›Tausendundeiner Nacht‹.

Der Kopf der Nargileh ist aus Ton oder Meerschaum geformt und wesentlich kleiner als bei der Hooka. Von ihm führt eine Röhre in eine fest verschlossene, halb mit Wasser gefüllte Flasche. In der Luftkammer über dem Wasser werden Rauchschläuche eingelassen. Saugt man an ihnen, so entsteht in dem luftgefüllten Raum ein Unterdruck, der den Rauch aus dem Pfeifenkopf durch das Wasser in die Luftkammer und schließlich in die Rauchschläuche zieht. Auf diese Weise wird der Rauch abgekühlt und gefiltert.

Die Schläuche der Wasserpfeife sind lang und beweglich; im Gegensatz zu den in Deutschland hergestellten, sind die der echten Nargilehs mit prächtigen Quasten besetzt und mit Seide, Brokat und kleinen Teppichen geschmückt. Sie haben an ihren Enden das olivenförmige, orientalische Mundstück, das nicht zwischen die Zähne genommen, sondern nur an die Lippen gehalten wird.

Das besondere und ungewöhnliche an der Nargileh ist, daß mehrere Schläuche angeschlossen werden und demzufolge verschiedene Personen zu gleicher Zeit aus ihr rauchen können. Die Mundstücke sind auswechselbar und werden für den Fremden und den Gast jedesmal gegen ungebrauchte ausgetauscht. Trotz dieses dankenswerten Brauches überkommt mich, an eine Nargileh angeschlossen, noch jedesmal ein Gefühl, als solle ich mir mit einer fremden Zahnbürste die Zähne putzen.

Wegen des langen Weges, den der Rauch zu machen hat, ist nur sehr kräftiger Tabak für die Nargileh tauglich. Er muß langfädig sein und wird naß in den Kopf gestopft und auch über ihn hinaus kunstvoll aufgeschichtet. Zum Anbrennen und zum Unterhalten des Glimmvorganges wird glühende Holzkohle verwendet. (Trockener Tabak würde unter der heißen Kohle schnell verbrennen.) Die Rauchgerätschaften, also Kohlenzange, Stopfer, Putzer etc., finden auf einem Metalltellerchen unterhalb des Pfeifenkopfes ihren Platz.

Das Wasser in der Pfeife wird im Orient häufig parfümiert. Das ist bei den dort üblichen Tabaken auch nötig.

In türkischen Kaffeehäusern werden die Wasserpfeifen von eigenen Pfeifendienern betreut.

Die Nargilehs sind schwer sauberzuhalten und brauchen viel Pflege.

Über den unvergleichlichen Rauchgenuß, den eine Nargileh bieten soll, ist viel geschrieben worden. Ich habe die Berichterstatter, die sich in enthusiastischer Weise über orientalische Raucherlebnisse auslassen, im Verdacht, sie haben ihrer Phantasie allzusehr die Zügel freigegeben – in Wirklichkeit aber niemals aus einer Nargileh geraucht.

Jedenfalls warne ich Neugierige. Wenn der türkische Pfeifenmeister aus einer Packung etwas herausholt, das aussieht und sich anfühlt wie aus dunklem Mehl gemachte Bandnudeln, wenn er das harte, trockene Zeug ins Wasser wirft, um es aufzuweichen, dann ergreifen Sie am besten entweder die Flucht vor einem Raucherlebnis, das keines ist, oder Sie reden dem Mann gut zu, seinen berühmten Tombeky-Tabak – das sind nämlich die Bandnudeln – wieder einzustecken und statt dessen doch lieber etwas von Ihrem eigenen deutschen Tabak in den Topf der Wasserpfeife zu geben.

Was dem Türken angeblich als eine der größten Köstlichkeiten dieser Welt dünkt, ist für unsere Zungen, gelinde gesagt, eine Zumutung. Alle Vorstellungen von Duft und Wohlgeschmack, die sich mit dem Wort ›türkischer Tabak‹ verbinden, sind dahin, wenn der zu einem Klumpen geformte, triefnasse Tombeky unter dem Holzkohlenstück zu glimmen beginnt. Man bekommt den eigenartig-durchdringenden Geschmack einen Tag nicht aus dem Mund und den brenzligen Geruch eine Woche nicht aus den Kleidern.

Nargilehrauchen ist ein Stück Weltanschauung. Es ist ein Überbleibsel aus einer versunkenen Zeit. Ohne Gedankenverbindungen wie Ruhe, Siesta, Faulheit, ohne Diwan und Mokka türkisch ist es schwer denkbar. Die Wasserpfeife ist die Pfeife der Paschas, der notorischen Hosentaschenausbeuler, Schwadroneure, Märchenerzähler und Erfinder von phantastischen Weltverbesserungsplänen. Wer Nargileh rauchen will, muß seine Uhr verkaufen.

Wenn Sie das unabweisbare Verlangen nach einer Wasserpfeife in sich verspüren, dann rate ich Ihnen, sich ein echtes Stück aus dem Orient anzuschaffen. Es gibt Prachtexemplare, und hier und da ist so ein schönes Beweisstück orientalischer Handwerkskunst auch bei uns zu erwerben. Die Preise sind bei weitem nicht so hoch, wie landläufig vermutet wird. Wenn Sie mir folgen, mieten Sie sich zur Wasserpfeife auch gleich den dazugehörigen Pfeifenmeister und kaufen Sie sich vor allem einen echt orientalischen Diwan. Ein paar Damen hatten die Sultane auch stets um sich beim Nargilehrauchen. Doch bevor Sie in dieser Hinsicht einen Import ins Auge fassen, reden Sie vielleicht doch lieber erst einmal mit Ihrer eigenen Odaliske.

Bei dieser Gelegenheit darf angemerkt werden, daß sich die orientalischen Potentaten durchaus nicht immer sehr tabakfreundlich verhalten haben. Ein gewisser Murad IV., seines Zeichens Kalif am Goldenen Horn (1609–1640), wütete entsetzlich gegen die Raucher. Er ließ ihnen die Pfeifenstiele in die Nase stoßen, die Köpfe abschlagen, und nachts soll Majestät wie einstmals Harun al Raschid durch Konstantinopel geschlichen sein. Nur hatte er Böses im Sinn, denn er spürte die Freunde des Tabaks auf, um sie dem Henker auszuliefern.

An Gegnern hat es dem Tabak, besonders in seiner frühen Zeit, auch anderswo nicht gefehlt. Der Zar Michael Feodorowitsch (1613–1645) ließ 1634 das Rauchen verbieten und bedrohte Übertreter des Gebotes mit Auspeitschung, Naseabschneiden, Brennen und Hängen – anzuwenden in der hier aufgezählten Reihenfolge.

Wenn man von den drakonischen Strafen hört, darf man freilich nicht vergessen, daß durch den leichtfertigen Umgang mit Feuer damals mancher Tabakraucher verheerende Feuersbrünste legte.

Ein Wüter gegen den Tabak war auch Jakob I. von England. Der Sohn der Maria Stuart und Nachfolger jener Königin Elisabeth, die Virginia den Namen gab, verfaßte sogar ein – übrigens recht schwaches und ziemlich einfältiges – Pamphlet gegen das indianische Kraut.

Ein Rauchverbot dekretierte Papst Urban VIII. 1644, und sein Nachfolger Innozenz X. bedrohte schnupfende Pfarrer mit dem Bannfluch und erließ eine Bulle gegen das Rauchen der Kleriker in der Peterskirche.

Zuzeiten gab es auch in Deutschland ein regelrechtes Kesseltreiben der Kirchen und Behörden gegen den schwerelosen Genuß.

Auch Ludwig XIII. von Frankreich mochte die Raucher nicht. Zu seiner Regierungszeit war das begehrte Kraut nur auf Schleichwegen zu beschaffen.

In der Schweiz wurde der Tabakgenuß zeitweilig den Verbrechen der Unzucht und des Ehebruchs gleichgesetzt.

Tabakgegner waren u.a. Abraham a Santa Clara, Grimmelshausen, Goethe, Alexander von Humboldt, Ludwig Tieck, Stendhal, Viktor Hugo, Heine, Shaw, Maria Theresia, Victoria von England und Adolf Hitler.

Die Freunde des Tabaks aber sind nicht zu zählen.

LEKTION VI

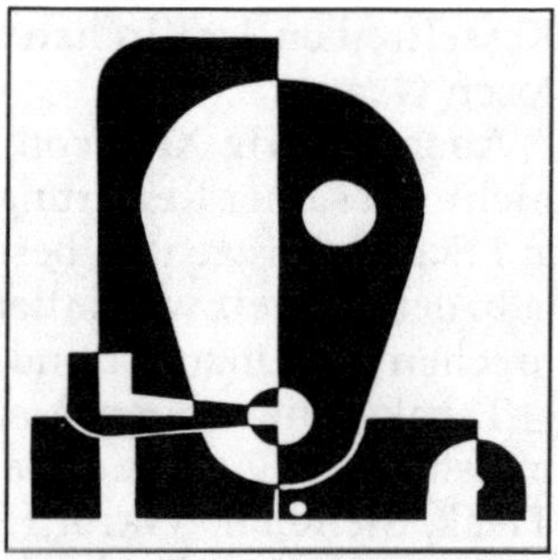

Die Methoden, mit Tabakspfeifen persönlichen Umgang zu pflegen, sind vielfältiger Natur. Wem die Grundregeln des Pfeifenrauchens erst einmal vertraut sind, darf sie nach Lust und Laune variieren. Diesem Gedanken folgend, soll hier noch eine Art des Einrauchens nachgetragen werden, die von dem bekannten Schriftsteller, kongenialen Übersetzer und Pfeifengelehrten Sigismund von Radecki (†) stammt:

»Neben den herkömmlichen Methoden gibt es noch ein verschmitztes Mittelchen, um eine Pfeife einzurauchen: Man stopft sie dreiviertelvoll, zündet sie an, spannt blitzschnell ein Tuch über ihren Kopf und pustet nun von oben hinein, so daß der Rauch aus dem Mundstück strömt – aus einer Saugpumpe ist somit eine Druckpumpe geworden. Ein wenig beschämend: Hier raucht nicht der Mensch die Pfeife, sondern die Pfeife den Menschen.«

Soweit Sigismund von Radecki. Wem das von mir empfohlene Verfahren nicht zu ungewöhnlich ist, kann es ja einmal auf diese Art versuchen.

Gewiegte Pfeifenraucher – auch wenn sie nicht immer gerade den besten Tabak konsumieren – sind Schäfer. Ein Angehöriger dieses leider langsam aussterbenden Berufes hat mich einmal mit der Behauptung erschreckt, man dürfe beim Einrauchen unter gar keinen Umständen die Pfeife ausgehen lassen. Unweigerlich wäre sie für alle Zeiten verdorben, denn sie würde auch in Zukunft immer genau an

Gute Tips für besseres Pfeifenrauchen

derselben Stelle wie beim erstenmal wieder verlöschen. Lange Zeit habe ich, wenn ich eine Pfeife einrauchte, gebangt, die Prophezeiung des Schäfers möchte sich an ihr erfüllen.

Bis mir die Sache schließlich zu dumm wurde und ich – abermals bei einer Neuen angelangt – das gute Stück gleich bei der ersten Füllung absichtlich dreimal hintereinander ausgehen ließ. Nichts passierte. Die zweite und jede weitere Füllung brannten anstandslos und ohne zu verlöschen durch. Das unheilsträchtige Orakel des Hirten war als nichts weiter als – Schäferlatein gewesen.

Aufmerksame Leser haben sicher schon bemerkt, daß ich mich gelegentlich wiederhole. Das geschieht bei Kern- und Merksätzen nicht ohne tiefere Absicht. So sprachen wir schon davon, daß eine nicht geringe Zahl von Männern ihr Werben um die Tabakspfeife nach dem ersten, unglücklich verlaufenen Versuch kurzerhand einstellen. Diese – meistens durch eigene Schuld – Enttäuschten schauen hinterher in einer Mischung von geheimem Neid und ehrfürchtiger Achtung auf jene, die zu jeder Stunde des Tages mit großem Vergnügen und innigstem Behagen an ihren Pfeifen ziehen.

Immer wieder wird der Pfeifenkenner gefragt, wie er zu so einer Vergünstigung komme, während der andere ausgeschlossen vor der Türe zum Raucherhimmel stehen müsse.

Daß der Hauptgrund für die Misere darin liegt, daß der angeblich Benachteiligte nicht bereit war oder ist, ein paar einfache Grundregeln zu beachten, wird uns Pfeifenrauchern nur höchst selten abgenommen.

Wir verstehen nun schon eine Pfeife einzurauchen, und während wir unsere Lieblinge fleißig unter Feuer halten, lernen wir ganz nebenbei noch ein paar Ratschläge befolgen.

Ähnlich wie in einem Ofen müssen wir in unserer Pfeife für gute Zugverhältnisse sorgen, wenn wir einen gleichmäßigen Brand erzielen wollen. Vorbedingung hierfür wiederum ist die sachgerechte Einbringung des Tabaks. »Unten eine Maus, oben eine Laus«, lautet eine alte Pfeifenraucherregel. Wir füllen also die erste Tabaklage locker, und indem wir die Pfeife langsam drehen, ein und werden nach oben mit der Füllung fester. Zwischendurch prüfen wir den Zug. Verspüren wir einen leichten Widerstand, dann haben wir gut gefüllt.

Füllen ist eine Übungssache, die bei den ersten Malen selten zur Zufriedenheit gelingt. Deshalb aber nicht die Flinte ins Korn werfen, sondern, wenn es einmal nicht gleich nach Wunsch geht, mit dem Pfeifenlöffel des Raucherbestecks den Tabak aus dem Kopf herausholen und noch einmal füllen!

Preßtabake und Cavendish-Zubereitungen müssen vor dem Einbringen in die Pfeife in der Hand zerrieben werden.

Verlassen Sie sich darauf: Füllen werden Sie eines Tages so gut beherrschen, daß Sie Ihre Pfeife auch im Bauch eines Walfisches präparieren könnten.

Jede Pfeife soll so lange geraucht werden, bis in ihr nur mehr der blanke Aschenrest ist. Eine Pfeife halbgeraucht auf die Seite zu legen, ist ungefähr das Schlimmste, was man ihr antun kann.

Ist der Tabak im Kopf bis auf einen geringen Rest verglommen, wird man besonders vorsichtig ziehen, weil sonst Asche und Tabak durch das Rohr in den Mund gelangen können. Die Asche wird nicht sofort, sondern erst nach dem Erkalten entfernt. So kann sie – auch darüber sprachen wir schon einmal – allenfalls verbliebene Feuchtigkeit aufsaugen.

Bevor wir das Trockenrauchen ganz und gar beherrschen, wird es unter Umständen vorkommen, daß sich, ohne daß wir es gleich gewahr werden, am Boden des Pfeifenkopfes ein nasser Tabakpfropfen bildet, der die Glut an dieser Stelle stets zum Erlöschen bringt. Da er auch Feuchtigkeit an das umgebende Holz abgibt, bildet sich hier ein regelrechter ›Sumpf‹. Der Holzboden wird schwammig, und wenn wir nichts unternehmen, ist die Pfeife bald unbrauchbar.

Ist das Übel erkannt, wird die Vertraute unserer Leidenschaft sofort aus dem ›Verkehr‹ gezogen. Gleich nach dem Auskühlen nehmen wir die Pfeife auseinander und reinigen sie besonders intensiv. Danach lassen wir sie eine ganze Woche lang – luftig – ausruhen. Wenn wir sie dann wieder in Betrieb nehmen, füllen wir den Kopf nur zu einem Drittel mit Tabak und rauchen besonders langsam, also mit großem Bedacht. Auch die nächsten beiden Male – mit mehrtägigem Abstand bitte – verfahren wir genau so. Danach dürfte unser Patient wieder genesen sein.

Kein vernünftiger Mann wird mit Absicht seine Pfeifen ruinieren. Daß trotzdem immer wieder Malheurs passieren, liegt nicht zuletzt an der Unruhe, der Hast und der Unberechenbarkeit unseres Tagesablaufes. Über den Geschäften kommt die Pfeife leicht zu kurz und wird – nur halb ausgeraucht – irgendwo abgelegt.

»Was man in die Pfeife tut, das muß man rauchen«, ist ein Grundsatz, gegen den, so beherzigenswert er ist, immer wieder gesündigt wird. Wir sollten lernen, unseren Appetit richtig abzuschätzen. Aus zwei Pfeifen je eine halbe Füllung geraucht, ist besser, als eine Pfeife halbgefüllt ausgehen zu lassen und zu vergessen. Das bekommt ihr ungefähr so gut wie uns ein Freibad bei 10° Kälte.

Ist das Mißgeschick aber einmal passiert, dann wird die Pfeife sofort entleert und gesäubert. Eine Weile lassen wir die so schändlich Malträtierte in Ruhe, und dann füllen wir sie zu einem reichlichen Drittel und rauchen sie langsam leer. Dieser Prozeß wir einige Male wiederholt.

Wenn Sie Ihre Pfeife leergeraucht haben, nehmen Sie einen Pfeifenputzer und schieben ihn durch Mundstück und Holm bis zum Kopf vor. So kann er ein paar Stunden oder auch einen Tag in der Pfeife bleiben und alle Restfeuchtigkeit aufsaugen. Natürlich wird er nicht in gleicher Richtung wieder entfernt, sondern diesmal werden Holm und Mundstück getrennt und der Putzer auf der Seite des Mundstückzapfens aus dem Mundstück herausgezogen.

Lange bevor es so etwas wie eine Rauchkultur in unserem Sinne gab, war Rauchen kultische Handlung. Der Ritus, nach dem Pfeifenraucher überall in der Welt auch heute noch ihre Rauchopfer vorbereiten und durchführen, weist in jene Zeiten zurück, in denen Rauchen nicht nur der Befriedigung eines Genußstrebens diente. Das Drum und Dran, das Zeremoniell, mit dem Pfeifenrauchen gewissermaßen zelebriert wird, zusammen mit einer den meisten Pfeifenrauchern eigentümlichen kultivierten Lebensart und heiteren Besinnlichkeit, dazu der Ruf, Lebenskünstler und Genießer von besonders hohen Graden zu sein, haben die Brüderschaft von der Tabakspfeife gelegentlich in den Geruch gebracht, einen Clan von Esoterikern, Hochmutspinkeln und Snobs zu bilden.

Tatsache aber ist, daß Pfeifenrauchen heute eine Leidenschaft ist, die quer durch alle Altersgruppen, Berufsstände und Gesellschaftsschichten ihre Anhänger und Freunde hat. Pfeifenrauchen ist eben keine soziale, sondern eine Geschmacksfrage.

Versuchen Sie ständig mit Ihren Pfeifen in einer möglichst vollkommenen Harmonie zu leben, und seien Sie zufrieden und wunschlos glücklich mit ihnen.

Sagen Sie Ihrer Frau aber nichts, wenn Sie diesen Zustand erreicht haben. Sie verbietet Ihnen sonst womöglich das Rauchen vor dem Zubettgehen.

6. Kapitel
Vom Rohtabak zum Rauchtabak I

AUSSAAT – WACHSTUM – ERNTE

Die Weltgeschichte steckt voller Aberwitz und Zufälligkeiten.

An einem Sommertag anno 1560 – beinahe 70 Jahre nach der Entdeckung Amerikas – überbrachten aus Florida heimkehrende Seeleute dem französischen Gesandten in Portugal, Jean Nicot, eine Handvoll Tabakpflanzen. Sie berichteten, daß die Eingeborenen der neuen Welt mit den gedörrten Blättern dieses Krautes ihren Göttern Rauchopfer brächten und bei dieser Gelegenheit in einen ekstaseähnlichen, gleichsam trunkenen Zustand verfielen.

Sieur Jean Nicot de Villemain, wie der Diplomat mit seinem vollen Namen hieß, war ein skeptischer Mann und ein großer Blumenliebhaber. Er schenkte den ›Lügengeschichten‹ der Matrosen keinen Glauben und steckte die Pflanzen zwischen die Tuberosen und Verbenen seines Blumengartens. Dort entwickelten sie sich auf das Vortrefflichste. Herr Nicot hatte alsbald das Vergnügen, sich an ihrer rosa Blütenpracht zu erfreuen.

Eines Tages erhielt der Gesandte den Besuch eines spanischen Arztes, einer Leuchte der damals noch arg im Zwielicht von Aberglauben und Kurpfuscherei stehenden Medizin. Der Äskulapjünger sah die neue Pflanze und kassierte sie stehenden Fußes für seine Wissenschaft. Er dachte zwar nicht daran, den Tabak in einem hierzu tauglichen Instrument, also zum Beispiel in einer Pfeife, genußvoll zu rauchen, nein, mit der Geschwindigkeit eines Taschenspielers schüttelte er ein rundes Dutzend der damals am üppigsten grassierenden Krankheiten aus den Falten seines weiten Magistertalares und behauptete kühn, daß sich das Kraut ohne jeden Zweifel gegen alle diese Gebresten als nützlich und heilsam erweisen würde.

Herr Nicot war, wie schon gesagt, ein mißtrauischer Mann und äußerte an der arg summarischen und wahllosen Aufzählung seines Besuchers einige Zweifel. Das wiederum veranlaßte den gelehrten Herrn, nun seinerseits in einer wortreichen Dissertation die wichtigsten Krankheiten aufzuzählen, die durch eine Behandlung mit Tabakblättern, -blüten, -stengeln und -wurzeln sowie den chemischen Auszügen hieraus geheilt werden könnten.

Es waren: Wassersucht – Lungenschwindsucht und Brustgeschwüre – Krätze – Haarwürmer – Reißen der Glieder – Aufgeschwollenes Zahnfleisch – Augenkrankheiten – Reißen und Flüsse in den Ohren – Gicht – Hartleibigkeit – Fettsucht – Wunden – Warzen – Karbunkel – Hühneraugen – Kolik – Beulen – Kröpfe – erfrorene Füße und noch manches mehr.

Herr Nicot – pflichtschuldiger Beamter der er war – beeilte sich, die ungeheuerliche Entdeckung sogleich dem Hof in Paris zu melden und empfahl der hochmögenden Königinmutter Katharina von Medici, die Wirksamkeit der neuen Pflanze alsbald zu erproben. Wir wissen nicht, welches Leiden die ränkevolle Monarchin mit dem Wunderkraut zu behandeln befahl. Doch die Experimente müssen vielversprechend verlaufen sein. Wie sonst hätte sich die hohe Frau selbst zur Namenspatronin des neuen Gewächses vorschlagen und fordern können, daß man den Tabak in Zukunft *Herbe de la Reine* (Kraut der Königin) nennen solle. Zu dem ehrenvollen, königlichen Namen ist der Tabak nun freilich nicht gekommen, und jene Katharina mußte schon das Blutbad der Bartholomäusnacht anrichten helfen, um sich der Nachwelt in gebührende Erinnerung zu bringen; doch der Tabak war, zumindest in Frankreich, hoffähig geworden.

Daß man ihn als Medizin schluckte, anstatt ihn zu rauchen, mag man als schlechten Witz der Geschichte oder als Versehen des Herrn Nicot betrachten. Der Gesandte hatte entweder vergessen, was ihm die Matrosen seinerzeit von den rauchenden Eingeborenen erzählten, oder ihm schien die Empfehlung solcher absonderlichen Gebräuche an den Hof nicht ratsam.

Wie dem auch sei, unsterblich ist Herr Nicot geworden, als man den Tabak *Nicotiana tabacum* nannte. Wer nun der Meinung ist, der Gesandte sei ohne eigentliches Verdienst zu solcher Ehre gekommen, der möge bedenken, daß der Hergang der Geschichte beweist, daß auf dieser Welt Ehre und Auszeichnungen nur selten den treffen, der sie verdient. In diesem besonderen Fall wäre außerdem noch anzufügen, daß Herr Nicot später ein Wörterbuch verfaßte, das

Tabakblüte

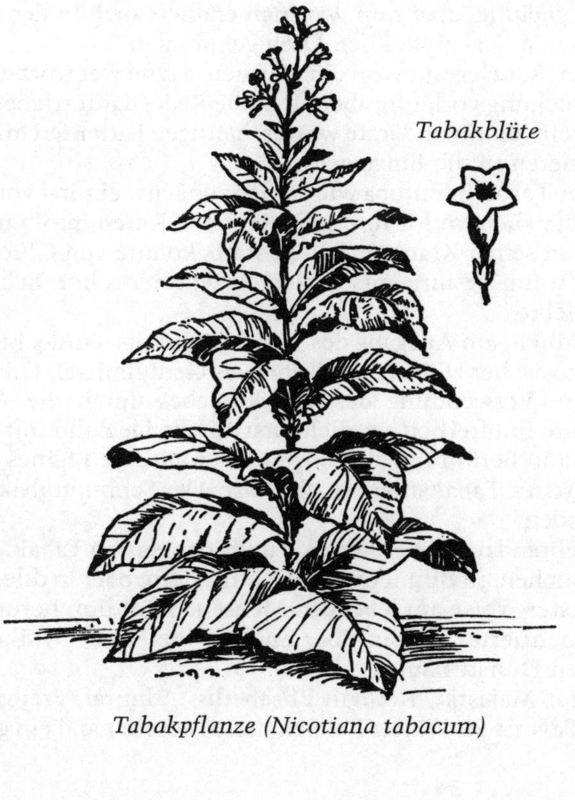

Tabakpflanze (Nicotiana tabacum)

als eines der vorzüglichsten der französischen Sprache gilt. Es war so gelungen, daß noch Generationen von weniger tüchtigen Gelehrten fleißig daraus abschrieben. Nur unsterblich wäre Jean Nicot damit halt nicht geworden. Wer wird das schon – mit einem Wörterbuch?

Des Tabaks hatten sich inzwischen die stets auf neue Attraktionen erpichten Quacksalber, Schwarzkünstler, Knochenbrecher und sonstigen das Gebiet der Medizin in jenen Jahren bevölkernden Scharlatane bemächtigt.

Nach vielem Experimentieren gelang schließlich einem der Doctores die epochale Entdeckung, daß die getrockneten Blätter der Tabakpflanze beim Verbrennen einen kräftig duftenden Rauch hergaben. Solche Erkenntnisse waren in Amerika zwar jedem, der länger als eine Woche im Land war, geläufig, aber nun war man endlich auch in der alten Welt dem Tabak auf den Dreh gekommen.

Den Rauch genußvoll einzuatmen, davon war trotz dieser Entdeckung vorläufig aber nicht die Rede; dafür trieben ihn die Leib- und Wundärzte wassersüchtigen Patienten mittels Klistieren in die Eingeweide.

Der Tabak in Europa wurde also zunächst einmal von den Äskulapdienern für ihre schauerlichen Kuren mißbraucht. Wer an seiner Krankheit nicht starb, konnte von Glück sagen, wenn er ihre miserablen Rezepturen ohne Schaden überlebte.

Endlich, am Ausgang des 16. Jahrhunderts, entdeckte ein französischer Höfling den Tabak als Genußmittel. Die sehr andere Verwendung des Tabakrauches durch die Ärzte brachte ihn freilich gar nicht erst auf die Idee, ihn mit dem Mund in Berührung zu bringen. Er stopfte sich feines, aromatisches Tabaksmehl in die Nase. Der Schnupftabak war erfunden.

Während man in Frankreich und Spanien den Tabak, statt zu rauchen, in Blumenrabatten kultivierte oder in dilettantischster Weise am lebenden Menschen mit ihm herumexperimentierte, stiegen über England die ersten Wölkchen blauen Dunstes auf.

Ihrer Majestät, Königin Elisabeths, Admiral, Freibeuter und Favorit Sir Walter Raleigh hatte für sein Land ein gehöriges Stück aus dem nordamerikanischen Kuchen herausgeschnitten und die in Besitz genommene Provinz, in Ansehung der vorgeblichen Jungfräulichkeit seiner allerhöchsten Herrin ›Virginia‹ genannt. (Die Irrtümer in der Weltgeschichte sind permanent!) Von dort sandte er 1586 eine mit Schätzen hochbeladene Flotte unter Admiral Francis Drake in die Heimat. Die Bürger der Stadt Plymouth sollen nicht schlecht gestaunt haben, als an jenem denkwürdigen 27. Juli eine Horde Seeleute an Land enterte und gleich feuerspeienden Fabelwesen in die Stadt brach. Sie trugen bis dahin nie gesehene, seltsam geformte Instrumente zwischen den Lippen und spien daraus mächtige Wolken Dampf und Qualm. Die Avantgardisten des blauen Dunstes sahen, wie ein zeitgenössischer Chronist versichert, nicht nur furchterregend aus, sie sollen auch nicht besonders gut gerochen haben.

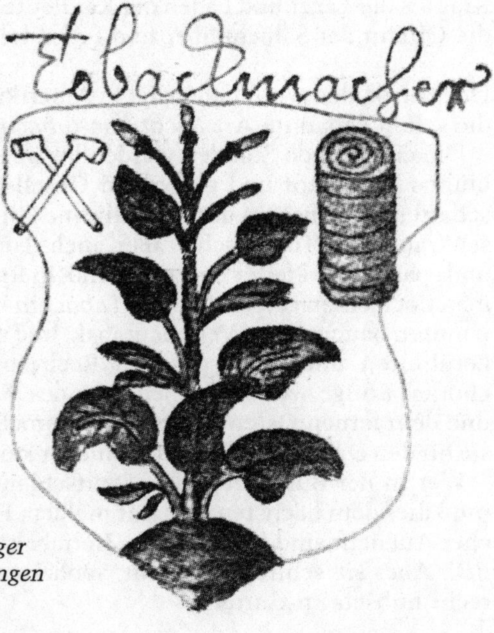

Wappen eines Tabakspinners Aus den Nürnberger Handwerksordnungen um 1680

Daß das ›Tabaktrinken‹ in England bald hoffähig wurde, dafür aber sorgte Walter Raleigh. Er genierte sich nicht, den Qualm seines unfermentierten Tabaks auch der Queen unter die allerhochwohlgeborenste Nase zu blasen.

Daß dieser erste europäische Pfeifenfreund großen Formats später (1618) durch Jakob I. Kopf und Leben verlor, ist, wenn man will, dem Kapitel Zwangsläufigkeiten der Weltgeschichte zuzuschreiben. Jener Jakob war nämlich, wie wir bereits erfuhren, der erbittertste Tabakgegner, der je auf einem Thron gesessen hat. Als das Malheur mit Sir Walters Haupt geschah, war die Sitte des Pfeifenrauchens aber längst über den Kanal nach Holland und Deutschland vorgedrungen. Seinen Siegeszug als Genußmittel konnten nicht einmal die eifrigsten Doctores und geschäftstüchtigen Apotheker verhindern, obwohl sie sich noch lange mit Händen und Füßen dagegen wehrten, ihm eine andere als die offizinelle Bedeutung zuzuerkennen. Am Ende mußten sie aber schließlich doch einsehen, daß der Platz des virginischen Krautes die Lager und Läden der Kaufleute waren und nicht die Offizin der Salbenreiber und Pillendreher.

Der Tabak, den wir rauchen, ist in Amerika zu Hause, es ist die schon genannte Art *Nicotiana tabacum.*

Die einjährigen Stauden werden bis über mannshoch, er blüht rosa bis rot und gehört zur Gesellschaft der Nachtschattengewächse, in der so schlimme Giftkräuter wie Bilsenkraut und Tollkirsche, aber auch Tomate, Eierfrucht und spanischer Pfeffer zu finden sind. In Rußland kultiviert man noch einen gelbblühenden *Tabacum rustica,* den sogenannten Bauern- oder Veilchentabak, und macht daraus den berühmten und nicht ganz zu Recht berüchtigten Machorka. Einige weitere Nebenarten des Tabaks in Persien und dem fernen Osten können unbesprochen bleiben, weil sie für den europäischen Pfeifenraucher keine Rolle spielen.

Wer in der Bundesrepublik Deutschland Tabak anbaut, muß dies dem nächsten Zollamt melden. Frei von behördlicher Aufsicht sind lediglich die Ziertabake *(Nicotiana affinis).* Aber sie schmecken nicht, sondern machen sich nur recht hübsch im Garten.

Tabak wird keineswegs nur in warmen Klimazonen kultiviert. Auch in Deutschland gibt es seit langem feldmäßigen Tabakanbau. In Baden-Württemberg, der Rheinpfalz, Franken und dem Eichsfeld wird Tabak gebaut, dem Fachleute manches Rühmende nachzusagen wissen. Für uns ist er freilich ohne Bedeutung, weil er zu Pfeifentabak so gut wie nicht verarbeitet wird.

Tabak gehört, wir sagten es schon, zu den einjährigen Pflanzen und muß deshalb jedes Jahr neu ausgesät werden. Die Aussaat direkt ins Freie ist auch unter klimatisch sehr günstigen Voraussetzungen nicht möglich; es wird also immer in Saatbeeten, meistens unter Glas oder wenigstens unter einem Schutz vor der nächtlichen Kühle vorkultiviert. Tabaksamen ist ungeheuer fein. 12000 Samenkörner wiegen etwa 1 Gramm.

Die Kulturzeit von der Saat bis zur Ernte ist je nach den klimatischen Verhältnissen des Anbaugebietes verschieden. Sie schwankt zwischen 90 und 150 Tagen. Auch die Arten des Anbaues, der Düngung, Pflege und Ernte unterscheiden sich nach Erzeugergebieten. Ebenso verschieden – im Äußeren, im Geschmack und in der Brennfähigkeit – ist das später gewonnene Blattgut.

Wie der Wein hat auch der Tabak seine guten und schlechten Jahre. Das alles und noch einiges dazu machen den Anbau, den Handel und die spätere Fabrikation zu einem sehr schwierigen und äußerst diffizilen Geschäft. Wer der Kultur und dem anschließenden Produktionsgang einmal von Anfang bis Ende gefolgt ist, wundert sich am Schluß, daß das Endprodukt, wenn es uns der Tabakhändler schließlich über den Ladentisch reicht, doch noch verhältnismäßig preiswert sein kann.

Sind die Tabaksämlinge im Anzuchtbeet kräftig herangewachsen, werden sie auf das Feld verpflanzt. Die Abstände zwischen den Pflanzen sind in den einzelnen Anbaugebieten unterschiedlich. Orienttabak braucht viel weniger Platz zu seiner Entwicklung als zum Beispiel die mächtigen Stauden des Virginias. Der Pflanzenbedarf für ein Hektar (10000 qm) schwankt deshalb auch je nach Sorte und Landschaft zwischen 10000 und 120000 Stück.

Um die Zahl der Blätter zu beschränken und die Voraussetzung für ihre vollkommenste Ausbildung und Reife zu schaffen, werden die Haupt- und Mitteltriebe, die in der Regel auch die Blütenstände tragen, ›geköpft‹. Die Pflanze bleibt dadurch gedrungen und kräftig und schenkt alle Lebensenergie den stehengebliebenen Blättern. Seitentriebe, die sogenannten ›Geize‹, werden ebenfalls entfernt. Jedem Gartenbesitzer ist das Geschäft des Ausgeizens von seinen Tomatenpflanzen her bekannt. Die Pflanzen werden entsprechend ihren Bedürfnissen gedüngt und der Boden in den Reihen gehackt und von Unkraut freigehalten.

In manchen Anbaugebieten werden die Felder auch schattiert. Das geschieht entweder durch den Zwischenfruchtanbau schattenspendender Pflanzen, also zum Beispiel Mais, oder durch Überspannen des ganzes Feldes mit Schattiermatten aus Schilf, Stroh, Leinengewebe oder Kunststoff. Diesen Riesenaufwand treibt man, um in den Pflanzungen ein stehendes feuchtwarmes Klima zu erzeugen, von dem man sich eine besonders günstige Entwicklung der Blattqualität erhofft.

Von großer Wichtigkeit ist der richtige Zeitpunkt der Ernte und ihre sorgfältige und gewissenhafte Durchführung. In vielen Anbaugebieten, vor allem in denen von Orienttabaken, ist die Ernte eine sehr arbeitsintensive Manipulation. In Amerika hat man große Anstrengungen unternommen, um sie zu mechanisieren. Aber auch dort sind die menschlichen Hände in vielen Fällen unersetzlich geblieben. Die Anbauer von Orienttabaken sagen, der Tabak müsse geerntet werden, bevor die Fliegen erwachen, d.h. in den Stunden vor Sonnenaufgang. Die Blätter lassen sich dann besonders leicht brechen. In Griechenland, dem Hauptlieferanten der Orienttabake, erstreckt sich die Ernte über viele Wochen. Zuerst werden die wenig wertvollen unteren Blätter, die ›unteren Hände‹ (Sandblatt, Grumpen) gebrochen, dann das Mittel- und Hauptgut. Das Obergut, die ›oberen Hände‹ sind die kleinsten, aber auch edelsten Blätter. Die frisch gepflückten Blätter werden an Schnüren, den ›Dizi‹, zum Trocknen aufgehangen. Das übrige besorgen Sonne und Wind.

Die Methoden in Nordamerika sind anders. Dort werden schon die Setzlinge nicht mühselig mit der Hand, sondern von Maschinen gepflanzt. Der Virginiatabak wird genau wie Orienttabak blattweise geerntet, nur hat man auf den großen Farmen auch dafür Maschinen.

Von den süßen schweren Burleytabaken werden die ganzen Pflanzen gerodet. Sie bleiben ähnlich wie unsere Getreidegarben zu einer Art Vortrocknung liegen, ehe der Trocknungsprozeß in luftigen Schuppen oder über Feuer fortgesetzt wird.

Bei der sehr wichtigen Trocknung wird grob in natürliche und künstliche unterschieden. Zur Sonnen- und Lufttrocknung, also den beiden natürlichen Weisen, wird das Blattgut in der Regel an Schnüren aufgefädelt und an Hauswänden oder in Trockenschuppen aufgehängt. Die Dauer des Trocknungsvorganges hängt von den klimatischen Umständen ab, ist aber in längstens sechs bis acht Wochen beendet.

Feuertrocknung erfolgt über offenem Feuer bei verschiedenen Wärmegraden. Es dauert lange – etwa drei Wochen – bis auch die dicken Rippen durchgetrocknet sind.

Eine weitere Variante ist die Heißlufttrocknung. Der Tabak wird in Schuppen, die mit Heizsystemen ausgerüstet sind, bei verschiedenen Temperaturen schnell zum Trocknen gebracht. Bei dieser Methode bekommt das Blatt eine besonders schöne, goldgelbe Farbe.

LEKTION VII

Keine Pfeife ist wie die andere. Jede hat ihre besondere Art und eigene Geschichte.

Ich hatte mal eine: Schön wie die Sünde war sie und ebenso teuer. Ich wollte sie zu meiner Favoritin machen, zur Königin meines Pfeifen-Serails, und ich versprach ihr die kostbarsten und besten Tabake der Welt. Aber sie mochte mich nicht, sie machte sich nichts aus mir, und sie ließ es mich fühlen. Sie posierte mit ihrem unvergleichlichen Maserungs-make-up und schmeckte dabei wie ein in Brand geratener Papierkorb. Ich wechselte den Tabak und behandelte sie zärtlich wie eine verwöhnte Frau. Doch sie blieb widerborstig und hysterisch, sie ging bei jedem dritten Zug aus, und der teure Tabak schmeckte aus ihr, als hätte ich sie mit Machorka III gefüttert. Bald war ich den Ärger mit ihr über und warf sie in meine Sammelsuriumkiste, in der ich allerhand Plunder und unnütz gewordenen Kram aufhebe.

Zwei oder drei Jahre später kam sie mir wieder in die Finger. Ob ich es doch noch einmal mit ihr versuche? dachte ich. Sie war schöner denn je, ihr Holz fühlte sich glatter an als eine Kinderwange, mir war, als schmiege sie sich in meine Hand. Ich säuberte sie, ich wachste und polierte sie wie neu, dann füllte ich sie sorgfältig und redete ihr zu und erzählte ihr, was in den Jahren geschehen war, die sie in dem dunklen Verlies gehaust hatte. Ich war so mit gespannter Er-

Wie man seine Pfeifen richtig pflegt

wartung angefüllt, daß das Zündholz zitterte, als ich sie in Brand setzte.

Sie schmeckte so köstlich, so deliziös, wie das ihrer Herkunft und ihrem Wert entsprach. Sie wurde, was sie schon vor Jahren werden sollte: meine Lieblingspfeife.

Ich habe die Geschichte so manches Mal im Kreis von Raucherfreunden erzählt. Niemand konnte mir eine exakte, jeden Zweifel ausschließende sachliche Erklärung für die seltsame Wandlung dieser Pfeife geben; aber dieser oder jener alte Pfeifenexperte lächelte während meines Berichtes wissend in sich hinein: »Dergleichen habe ich auch schon erlebt.«

Wer Freude an seinen Pfeifen haben möchte, muß gut mit ihnen umgehen und sie pflegen.

Sind sie unsauber und verwahrlost, ist mit Vergnügen aus ihnen nicht zu rauchen. Sie bedeuten für die Umgebung eine Zumutung und für die Zunft der Pfeifenfreunde eine Blamage. Pfeifenrauchen ist ein Teil eines kultivierten Lebensstils. Schon die Auswahl von Pfeifen und Tabak geben Auskunft über den Geschmackssinn des Rauchers. Die Pflege seiner Gerätschaften ist selbstverständliche, ästhetische Pflicht. Pfeifenrauchen muß so appetitlich zelebriert werden, daß es auch einem Zuschauenden Appetit macht.

Pfeife zu rauchen, wie wir es verstehen, ist salonfähig. Politiker, Wissenschaftler, Künstler und Wirtschaftskapitäne rauchen bei allen Gelegenheiten ihre Pfeifen. Bei festlichen Anlässen, Empfängen und Bällen, im Theaterfoyer, auf den Turfplätzen oder wo immer sonst glanzvolle gesellschaftliche Ereignisse stattfinden, die Pfeife darf ohne Verstoß gegen die Etikette dabei sein. Die richtige Pfeife, versteht sich; denn wer auf einem Staatsempfang mit Urgroßvaters einmeterfünfzig-langer Gesteckpfeife (Fassungsvermögen 1/2 Pfund Tabak) aufkreuzt, muß sich nicht wundern, wenn er vor die Tür gesetzt wird.

Die Pfeifen, die tagsüber in Betrieb waren, werden am Abend gereinigt. Das ist so selbstverständlich wie Zähneputzen und macht auch nicht mehr Arbeit.

Bemühen Sie sich selbst um Ihre Lieblinge und lassen Sie das Geschäft keinen anderen machen. Junge Damen, besonders solche, die sich im Braut- oder frühen Ehestand befinden, möchten ihre Zuneigung und Ergebenheit manchmal dadurch unter Beweis stellen, daß sie sich für diese Arbeit anbieten. Lassen Sie sich nicht darauf ein. Die Schönen tun es doch nur unter Überwindung großer innerer Widerstände, am Ende wollen sie noch allemal für das Opfer besonders belohnt werden. Und vom Pfeifenputzen verstehen sie sowieso nichts.

Für die abendliche Reinigung brauchen wir ein Pfeifenbesteck, einige Pfeifenreiniger (Pfeifenputzer) und eine Aschenschale.

Besitzen Sie keinen eigenen Pfeifenascher, dann kleben Sie in die Mitte eines dafür tauglichen Gefäßes, in einen sehr geräumigen der herkömmlichen Aschenbecher zum Beispiel oder in eine andere hübsche Schale, einen dicken Korken, wie man ihn zum Verschließen großer Glasballons verwendet. Zuvor wird der Korken an den Kanten etwas mit Glaspapier abgeschliffen. Zum Befestigen gibt es Spezialkleber. So ein Korkklotz ist wie ein federnder Amboß, an dem wir unsere Pfeife ausklopfen können, ohne sie zu beschädigen. Es soll Menschen geben, die klopfen ihre Pfeife an Mauerkanten und Stiefelabsätzen, an Brückengeländern oder Metall-Aschern aus.

Nun ist ein abgebrochenes Mundstück wohl zu ersetzen, ein zersplitterter Holm aber macht unsere gute Pfeife meist wertlos. Übrigens: Wer viel klopft, beweist, daß er ein blutiger Amateur ist. In einer sachgerecht gerauchten Pfeife bleibt bekanntlich nur ein kleiner Ascherest. Der ist auch ohne Hammerschläge herauszubefördern. Blieb aber unverbrannter Tabak im Pfeifenkopf, so muß er mit dem Pfeifenlöffel herausgeholt werden.

Wir halten fest: Pfeifen werden, wenn überhaupt, nur an nachgiebigen, federnden Unterlagen ausgeklopft (Handballen, Kork, Gummi).

Man nimmt die Pfeife dabei nicht am Mundstück, sondern am Kopf. Besser ist, gar nicht zu klopfen, sondern mit dem Pfeifenbesteck zu reinigen.

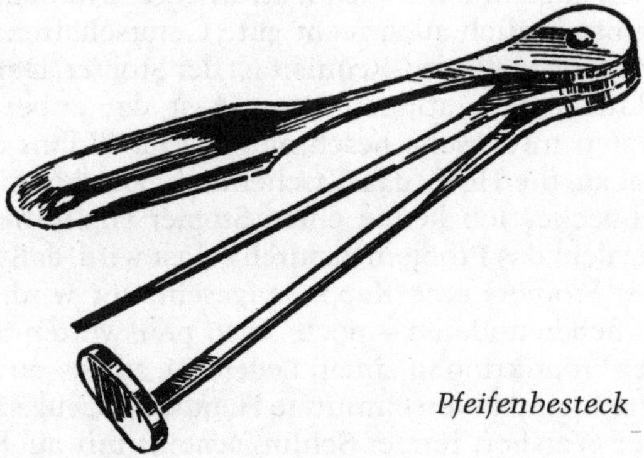

Pfeifenbesteck

Zum Säubern unserer Pfeifen werden wir uns nicht in die Küche oder an den noch nicht abgeräumten Abendbrottisch setzen. Wir ziehen uns – sofern wir haben – an den Rauchtisch, an unseren Arbeitstisch oder in einen anderen Winkel zurück, in dem wir ungestört sind und selbst niemanden belästigen. Eine Zeitung als Schutz für Tischdecke oder Tischplatte ist notwendig. In ihr verschwinden nach vollendetem Geschäft Aschenreste und schmutzige Pfeifenputzer auf unauffällige Weise.

Alle an der Innenwand und am Boden des Pfeifenkopfes zurückgebliebenen Tabakteilchen und vagabundierenden Kohlereste werden mit dem stumpfen Löffel des Pfeifenbesteckes entfernt.

Viele, leider allzu viele der bei uns im Handel befindlichen Pfeifenbestecke taugen nichts. Ich besitze mindestens ein Dutzend, die alle einen zum Durchstoßen des Rauchkanals bestimmten Dorn besitzen. Nur ist dieser Dorn für den Zweck viel zu kurz und zu dünn. Was sich Hersteller wohl denken, wenn sie solche Mißgeburten in die Welt setzen?

Pfeifenbestecke, Stopfer, Pfeifenschlüssel, Putzer usw. sind billige Nebenartikel und werden deshalb von kurzsichtigen Lieferanten gerne vernachlässigt. Seien Sie hartnäkkig: Bringen Sie Ihrem Händler unbrauchbares Handwerkszeug zurück und verlangen Sie von ihm, daß er Ihnen zeigt, wie Sie damit umgehen sollen. Eines Tages wird er vielleicht doch nach ordentlichen Instrumenten Ausschau halten. Es gibt nämlich auch recht gute Gerätschaften.

Das wichtigste Pfeifen-Requisit ist der Stopfer. Der Ärger ganzer Rauchergenerationen war und ist, daß er bei jedem Nachstopfen mit Asche beschmutzt wird. Wohin damit? An die Jacke, die Hose, das Taschentuch oder heimlich an die Tischdecke? Ich kenne einen Stopfer englischer Herkunft, bei dem das Problem dadurch gelöst wird, daß auf die Platte des Stopfers eine Kappe aufgeschraubt wird. Dann gibt es – neben anderen – noch einen preiswerten Stopfer deutscher Produktion in einem Lederetui, an dessen rauher Innenseite man das verschmutzte Handwerkszeug säubern kann. Der Weisheit letzter Schluß scheint mir auch diese Lösung nicht zu sein. Mit allen übrigen Pfeifenfreunden hoffe ich, daß der Industrie eines Tages doch noch etwas Praktikables einfallen wird.

Pfeifenbestecke sollte man unbedingt mehrere besitzen. Sie werden verloren und verlegt, und Freunde nehmen sie – aus Versehen – mit. Weil dem so ist, gibt man vernünftigerweise nicht allzuviel Geld für sie aus.

Die Kohleschicht im Kopf unserer Pfeife muß von Zeit zu Zeit reduziert werden. Da dieses Geschäft aber nichts mit der täglichen Routinereinigung zu tun hat, besprechen wir es auf Seite 129f.

Zur Reinigung der Rauchkanäle in Holm und Mundstück müssen wir beide Teile voneinander trennen. Das geschieht *nicht:*

a) indem man den Mundstückzapfen ruckartig wie einen Flaschenkorken herauszieht. Eine geringe Verkantung genügt und er bricht ab oder der Holm reißt aus.

b) indem wir den Mundstückzapfen hin und her drehen wie den Kronenaufzug einer Uhr. Bei dieser Methode wird sich der Zapfen schnell abnützen und das Mundstück nicht mehr fest mit dem Pfeifenschaft verbinden.

c) indem wir den Mundstückzapfen heute mit Rechtswindung herausdrehen und es morgen zur Abwechslung einmal nach der anderen Seite versuchen.

Richtig ist: Den Pfeifenkopf fest in die eine Hand zu nehmen, das Mundstück mit der anderen zu fassen und den Zapfen langsam und mit Gefühl in Uhrzeigerrichtung zu drehen und unter leichtem Anziehen aus seiner Lagerung im Holm zu lösen. Auf die nämliche Weise, also ebenfalls im Uhrzeigersinn nur mit leichtem Druck statt mit Zug, wird der Zapfen später wieder in den Holm eingedreht.

Diese Regelung gilt nicht für Pfeifen mit Schraubgewinde. Solche Pfeifen werden mit Linksdrehung auseinandergenommen und in Uhrzeigerrichtung zusammengesetzt.

Und noch ein Tip: Zerlegen Sie Ihre Pfeifen, sofern es die Umstände gestatten, nur in kaltem Zustand. Das ist eine Art Rückversicherung gegen lockere Mundstückszapfen.

Bekommt der Zapfen trotz sachgemäßer Behandlung einmal Spiel (das kann von der zunehmenden Alterung des Pfeifenholzes herrühren oder in Luftfeuchtigkeitsschwankungen seine Ursache haben), dann wird man sich in den allermeisten Fällen selbst helfen können: Man läßt den rauchwarmen Kopf ohne Mundstück kalt werden. Das Holz hat so Gelegenheit, sich zusammenzuziehen, und häufig sitzt der Zapfen nach so einem Versuch wieder fest.

Im umgekehrten Fall, wenn der Pfeifenhals zu eng geworden ist und der Zapfen sich nicht mehr eindrehen läßt, genügt häufig schon die Aufbringung einer dünnen Graphitschicht (Bleistift) zur Behebung des Malheurs.

Wem solche Do-it-yourself-Methoden zu umständlich oder zu gefährlich sind, der sollte sich getrost seinem Händler anvertrauen. Der kennt die Sorgen der Pfeifenraucher und weiß die Wege, wie sie aus der Welt zu schaffen sind.

Wir haben Holm und Mundstück unserer Pfeife getrennt und reinigen als erstes das Mundstück. Hierzu schieben wir vom Biß her einen Pfeifenreiniger in Richtung Mundstückszapfen und putzen durch mehrmaliges Hin- und Herschieben so lange, bis der Rauchkanal sauber ist. Zu der Arbeit wird man mehrere Pfeifenreiniger brauchen. An diesen billigen, aber praktischen Helfern sollte man nicht sparen. Achten Sie beim Einkauf Ihrer Pfeifenputzer darauf, daß ihre Seele, also der Draht in ihrer Mitte so stark ist, daß sie sich nicht schon beim Versuch, sie in das Pfeifenrohr einzuführen, zusammenkrümmen wie betrunkene Würmer.

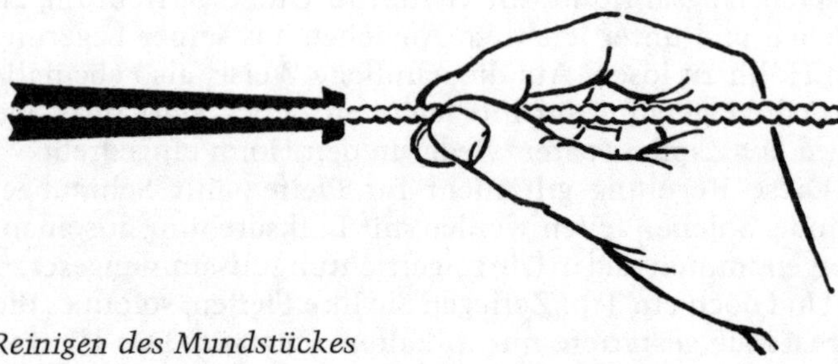

Reinigen des Mundstückes

Ich halte mir Pfeifenreiniger in verschiedenen Längen, die Mundstücke der Lesepfeifen wollen ja auch gereinigt sein. Bunte Pfeifenputzer sind recht dekorativ, aber besser als gewöhnliche sind sie deshalb nicht.

Vergessen Sie nie, sich morgens, bevor Sie das Haus verlassen, ein paar Pfeifenreiniger einzustecken. Die meisten Tabakbeutel haben ein Fach dafür. Auch auf der Reise sollte man immer mit den wertvollen Helfern versorgt sein. Verrichten Sie die Arbeit mit den Pfeifenputzern aber diskret. Kein Mensch hat es gern, wenn man ihm mit einem von Tabaksaft schwarzen Ding vor der Nase herumfummelt.

Nun noch einen Tip, dessen Befolgung Ihnen manchen Kummer ersparen wird: Führen Sie jedesmal, wenn Sie eine Pfeife ausgeraucht haben, von der Mundstücksseite her einen Pfeifenreiniger bis in den Kopf ein. Dort bleibt er bis zur nächsten Füllung, längstens bis zum anderen Tag liegen. Wenn Sie ihn herausnehmen, hat er alle Feuchtigkeit aus der Pfeife in seinen wollenen Leib aufgenommen.

Der Tip wäre nicht neu, er stünde schon auf Seite 97f., meinen Sie? Stimmt. Sie sind ein aufmerksamer Leser. Aber der Rat ist so gut und so wichtig, daß ich ihn am liebsten in jeder Lektion wiederholen möchte.

Beim Reinigen des Mundstückes wird großer Wert auf saubere Ecken und Winkel an Biß und Zapfen gelegt. Zum Schluß erhält die Spitze mit einem Velourläppchen oder der

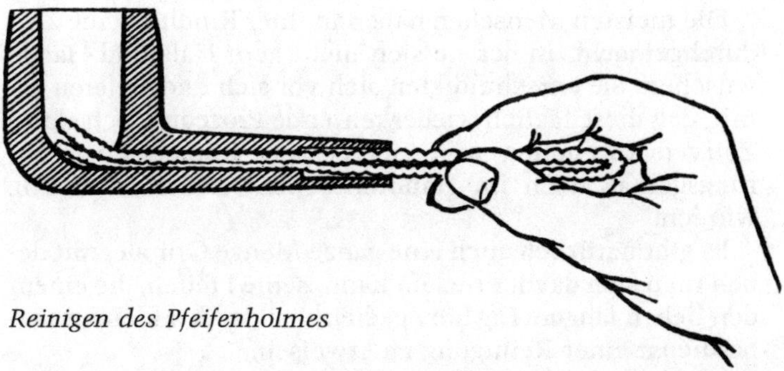

Reinigen des Pfeifenholmes

wollig angerauhten Innenseite eines Pfeifenbeutels, wie er heute fast bei jedem Pfeifenkauf mitgegeben wird, eine abschließende Massage. Dann ist als letztes der Pfeifenholm, auch Pfeifenhals oder Pfeifenschaft genannt, zur Reinigung an der Reihe.

Der Pfeifenholm verschmutzt nicht so schnell, als daß wir ihm täglich mit dem Dorn zu Leibe rücken müßten. In der Regel tritt dieses Instrument erst bei den von Zeit zu Zeit notwendigen Generalreinigungen in Aktion. Für die allabendliche Säuberung des Holmes brauchen wir jetzt wieder einen von unseren bewährten Putzern. Ein gewöhnlicher Reiniger richtet in der weiten Bohrung in der Regel nichts aus. Wir biegen ihn deshalb in der Mitte zusammen und führen ihn so (s. Abbildung oben) in den Rauchkanal ein. Bis zum Grund des Pfeifenkopfes sollten wir vorstoßen und durch Hin- und Herbewegung und Drehen des Pfeifendochtes für eine umfassende Säuberung sorgen. Den Putzer werden wir wahrscheinlich mehrmals erneuern müssen.

Bevor wir hierauf Holm und Mundstück wieder sachgemäß verbinden, pusten wir noch einmal fest durch, damit evtl. zurückgebliebene Fusseln verschwinden.

Das hier geschilderte Verfahren einer gewöhnlichen Routine-Pfeifenreinigung mag auf den ersten Blick recht umständlich erscheinen. Der Schein trügt. In der Praxis ist die ganze Zeremonie – beherrschen wir sie erst einmal – in ein paar Minuten erledigt.

Die meisten Menschen haben in ihrer Kindheit eine Zeit durchgemacht, in der sie sich nicht gern Hals und Hände wuschen. Sie entschuldigten sich vor sich und anderen damit, daß diese täglich wiederkehrende Prozedur doch glatte Zeitverschwendung wäre, da besagte Körperteile erfahrungsgemäß doch im Handumdrehen wieder schmutzig würden.

Es gibt natürlich auch eine ganze Menge Gründe, mit denen man sich davor drücken kann, seine Pfeifen, die einem den lieben langen Tag brav gedient haben, den kleinen Liebesdienst einer Reinigung zu erweisen.

In Wirklichkeit tun wir uns damit aber selbst nichts Gutes. Denn die schlecht behandelte Pfeife wird so reagieren, wie es ihr aufgegeben ist: Sie wird uns hassen und am nächsten Tag nach Pfui-Teufel schmecken.

Tabakauktion am Hafen

7. Kapitel
Vom Rohtabak zum Rauchtabak II

FERMENTATION UND WEG IN DIE FERTIGUNG

An einem tristen Morgen werden Sie aufwachen, mit pelziger Zunge, verschleimten Bronchien und einem unguten Gefühl im Magen. Sie werden husten, rasseln und pusten wie eine altersschwache Dampflokomotive, es ist Ihnen schlecht, und Sie fragen sich, wer, in Dreiteufelsnamen, Sie dazu verführte, in der vergangenen Nacht mehr zu trinken und zu rauchen, als Ihnen bekommen konnte. Wenn der Böse seine Hand im Spiel hat, läßt er Sie die Morgenzeitung aufschlagen, und Sie lesen im Anzeigenteil unter ›Vermischtes‹: Nichtraucher in 24 Stunden! Garantie für Erfolg! Voreinsendung 100,– DM... etc. etc.

Folgen Sie meinem auf tausendfältiger Erfahrung gegründeten Rat, und schreiben Sie nicht auf das Inserat. Schicken Sie kein Geld. Bringen Sie es auf die Bank oder besser noch – kaufen Sie sich eine Tabakspfeife dafür.

Vorerst freilich empfehle ich Ihnen zwei Kopfschmerztabletten und ein heißes Bad zu nehmen, anschließend essen Sie drei Spiegeleier mit Schinken und trinken ein großes Glas Orangensaft dazu. Dann rufen Sie Ihren Chef an und sagen, Sie könnten nicht ins Büro kommen, bei Ihnen wäre die Wasserleitung geplatzt oder Ihre Frau sei Ihnen endlich durchgegangen. Hierauf legen Sie sich hin und horchen ein paar Stündchen die Matratze nach Geräuschen ab. Ausgeschlafen erheben Sie sich und zünden sich als erstes eine Pfeife an. Während blaue Dunstwölkchen zur Decke steigen, wundern Sie sich, wie Sie jemals auf die verrückte Idee haben kommen können, sich das Rauchen abgewöhnen zu wollen.

Ein Mann von Ansehen macht zu keiner Zeit einen Versuch, dem Rauchen zu entsagen. Gelingt ihm das Vorhaben nicht – und Sie können sich darauf verlassen, daß es mißlingt –, dann hat er seine Selbstachtung verspielt. Gehört er aber zu den 0,0004%, die das hochgesteckte Ziel erreichen, hat er trotzdem nichts gewonnen. Denn was ist das schon für ein Dasein – ohne Tabakrauch.

Ich kannte einen Mann, der berichtete mir eines Tages mit einem seltsamen Glitzern in den Augen: »Ich habe der Liebe entsagt und dem guten Essen. Dem Wein schwor ich ab, und meine Tabakpfeifen liegen auf dem Grund des Flusses. Dafür habe ich mir vorgenommen, 100 Jahre alt zu werden!« Der Herr ist eine Willensperson, und ich bin deshalb sicher: Er erreicht sein Ziel! Zuweilen, wenn ich an ihn denke, zermartere ich mir den Schädel und versuche herauszubekommen: Weshalb, um alles in der Welt, will dieser Mensch unbedingt 100 Jahre alt werden?

Es ist viel über die Wirkungen und den Einfluß des Tabakgenusses auf die Gesundheit, beziehungsweise auf die Krankheiten des Menschen geschrieben worden. Ich habe nicht die Absicht, den Streit der Wissenschaftler und der Fanatiker um einen weiteren Beitrag zu bereichern. Nur ein paar Anmerkungen seien mir gestattet:

Daß Tabak Nikotin enthält und daß dieses Nikotin ein Gift ist, weiß jedes Kind. Ferner ist es kein Geheimnis, daß beim Verglimmen des Tabaks Ruß und teerähnliche Stoffe zurückbleiben, die, in den Körper gelangt, schädigend wirken können. Jeder Tabakraucher weiß also – und wenn er es noch nicht wüßte, kann er es jetzt hier nachlesen –, daß er ein Risiko für seine Gesundheit eingeht. Wie groß dieses Risiko ist, kann ihm heute niemand bestimmt sagen, weil die Wissenschaft mit ihren Forschungen noch nicht am Ende aller Weisheit angelangt ist.

Bestimmt wissen wir nur, daß Tabakgenuß in früher Jugend selten ohne Nachschäden bleibt, daß Unmäßigkeit beim Rauchen, wie überall, meistens schlimme Folgen hat und daß bei bestimmten Erkrankungen und Krankheitssymptomen Enthaltsamkeit unbedingt geboten erscheint. Wer den Rat seines Arztes nicht beherzigt, darf nach den Folgen nicht fragen.

Rauchen ist nicht gesund. Deshalb ist es auch borniert, von ›Gesundheitspfeifen‹ oder ›Gesundheitstabak‹ zu sprechen oder mit der Behauptung »Rauch Pfeife, und du rauchst gesund« Reklame zu machen. Es ist gleichfalls unrichtig, daß Pfeifenrauchen ›gesünder‹ ist als andere Formen des Rauchvergnügens. Es ist nur nachgewiesenermaßen weniger schädlich.

Die Tatsachen sind nicht mit dem Hinweis darauf aus der Welt zu schaffen, daß das Leben in Mitteleuropa in den letzten 50 Jahren ja auch nicht gerade risikolos gewesen sei und daß, um ein anderes Beispiel heranzuziehen, der Verkehr auf den Straßen heute mehr Opfer fordert als der Lungenkrebs. An solchen Überlegungen ist bestenfalls richtig, daß so gut wie alle modernen Lebensäußerungen Gefahren in sich schließen und daß es das Recht des Individuums ist, zu entscheiden, ob es das Wagnis eingehen oder verzichten will.

Rauchen ist eine nicht wegzudenkende Begleiterscheinung der Zivilisation. Es scheint, als ob die Dauererregung, in der die technische Umwelt den Menschen ständig hält, als Gegengewicht eine Art von Narkotikum fordert, das anregt und beruhigt zugleich. Psychoanalytiker haben dem Raucher vorgehalten, sein Griff zum Tabak habe mit Genuß wenig zu tun, er bedeute vielmehr Weltflucht und Ausweichen in das Reich der Illusionen. Der blaue Dunst spiegle dem Raucher eine Ausgeglichenheit und Harmonie vor, die es in Wirklichkeit nicht gibt.

Mit den Kapuzinerpredigten Berufener und solcher, die glauben, berufen zu sein, könnte man Bände füllen. Doch wozu sind diese Philippikas nützlich?

Bleiben wir besser bei den Realitäten und auf dem Boden der Tatsachen: Die Leidenschaft für den Tabak ist nicht aus der Welt zu schaffen. Sie wäre es auch dann nicht, wenn man seinen Genuß unter die fürchterlichsten Strafen stellte, die Tabakhändler und -fabrikanten auf den Mond schösse und den Tabakpflanzen den Nordpol als Asyl und Domizil zuwiese.

Als 1964 der auf Veranlassung von Präsident Kennedy erarbeitete ›Terry-Report‹ veröffentlicht wurde und in der ganzen Welt riesiges Aufsehen, Bestürzung und Angst auslöste, glaubten viele, das schnelle Ende der Zigarette wäre gekommen. Und heute? Wer weiß schon noch, was das ist: Terry-Report?

Ich würde niemals einen Nichtraucher zum Rauchen animieren, ich beschimpfe Freunde, von denen ich weiß, daß sie schon vor dem Frühstück mit der Pfeife im Mund herumlaufen, ich halte es für dumm, zu glauben, Pfeifenrauchen sei so etwas wie eine Rückversicherung gegen den Herzinfarkt – aber ich weiß auch, daß diese Form des Tabakgenusses die ungefährlichste, die der Gesundheit am wenigsten abträgliche ist.

Ich habe im Laufe der Jahre manchen zum Rauchen verführt. Zum Pfeifenrauchen. Jedesmal wenn es mir gelang, einen von den für meine Begriffe schlechteren Rauchsitten wegzuführen, habe ich mich gefreut, wie man sich nur freuen kann, wenn man einem Mitmenschen etwas Gutes getan hat.

Pfeifenrauchen kann, anders als Zigaretten-Ketten-Paffen, ein Kontergewicht sein gegen die Pest der bösen Unrast unseres modernen Lebens.

Es gibt Leute, die trompeten, die Träne des Selbstmitleides im Auge, in die Weltgeschichte hinaus, sie seien zum Pfeifenrauchen leider viel zu nervös und aufgeregt. Welche Verkennung der Tatsache: Sie sind nur deshalb so nervös, weil sie etwas anderes und nicht Pfeife rauchen.

Tabak erhöht die Lebensfreude. Es ist ein Genußmittel, und Genußmittel wirken zuzeiten wie das Öl in Automotoren. Sie erzeugen zwar keine Bewegungskraft, aber sie verhelfen den Dingen zu einem leichteren, geräuschloseren und ruhigeren Gang.

Auf unserem Ausflug in die Tabakkunde waren wir im vorigen Kapitel bei der Trocknung der Tabakblätter angelangt. Um die Vorgänge bei der nun folgenden Fermentation zu verstehen, müssen wir noch einmal einen kurzen Blick zurück in die Zeit während und nach der Ernte werfen.

Das Blattgut wird je nach Sorte und späterem Verwendungszweck in verschiedenen Reifungsgraden geerntet. Wird bereits vor Eintritt der Blattreife gebrochen, dann sagt man: das Blatt besitzt noch die ›ganze Vitalität‹, ist es beim Pflücken mitten im Prozeß des Reifens begriffen, spricht man von ›verminderter Vitalität‹ und ist der Tabak überreif, so ist er im Zustand der ›erloschenen‹ oder ›beinahe erloschenen Vitalität‹. Eine solche Einteilung will besagen, daß das Tabakblatt, selbst wenn es schon von der Pflanze getrennt wurde, deshalb doch keineswegs ›tot‹ ist. Im Gegenteil. Es vollzieht sich in seinem Inneren jetzt ein Substanzabbau, beziehungsweise -umbau. Diese Vorgänge sind sehr kompliziert. Abgebaut wird, vor allem in den grün geernteten Blättern, der Blattzucker. Deshalb bringt man Blattgut, bei dem man die Süße erhalten will, zum Beispiel Virginia, vollreif ein und trocknet es, zur Vermeidung von Zuckerverlusten, sehr schnell. Orienttabake sind in der Regel zur Zeit der Ernte bereits überreif und haben deshalb auch keinen Zucker mehr abzugeben. Die der Trocknung folgende *Fermentation* hat den Sinn, die noch im Tabak enthaltenen unerwünschten Stoffe (also zum Beispiel das beim Glimmen schlecht riechende Eiweiß) abzubauen und die natürlichen Duft- und Aromastoffe freizumachen und zur Entfaltung zu bringen. Fermentation geht unter erhöhten Temperaturen vor sich, sie ist eine Art Gärungsprozeß, der durch Bakterien und die das Eiweiß ausbauenden Enzyme ausgelöst, beziehungsweise in Gang gehalten wird.

Fermentiert haben schon die Ureinwohner Amerikas. Später gab es eine Art von unbeabsichtigter Fermentation, als man den nordamerikanischen, für Europa bestimmten Tabak in Fässer preßte und in Segelschiffen über den Atlantik schickte. In den dumpfen, schlecht gelüfteten Laderäumen reifte der Tabak aus, das heißt, er fermentierte.

Die einfachste Methode der Fermentation ist, den zu Bündeln sortierten Tabak zu vergraben und das übrige der Wärme, der Zeit und dem Gewicht und Druck des Erdreiches zu überlassen. Die ältere Generation unter uns wird sich dieses Verfahrens aus den Kriegs- und Nachkriegsjahren erinnern, wo die selbstgebaute ›Gartenlaube-Hochzucht‹ auf solche oder ähnliche Weise rauchbar gemacht werden sollte.

Der Tabakbau kennt die *natürliche* und die *künstliche* oder Maschinenfermentation.

Bei dem natürlichen Gang der Dinge werden die gebündelten Tabakblätter in Schuppen zu Haufen gestapelt, die sich bald von innen heraus erwärmen. Hat die Temperatur im Inneren ca. 40 bis 60 Grad erreicht, setzt man den Stapel um, das heißt, die unfermentierten äußeren Blätter kommen jetzt nach der Mitte und umgekehrt. Das Umsetzen geschieht mehrmals, der ganze Vorgang kann ein Vierteljahr und länger dauern. Zum Schluß wird der Tabak unter niedrigeren Wärmegraden meistens noch einer Nachfermentation unterzogen.

Dagegen ist die Maschinenfermentation keine echte Vergärung. Für sie eignet sich Tabak, der reif geerntet und schnell getrocknet wurde, also zum Beispiel die feuergetrockneten Arten. Für diesen Tabak ist eine weitere natürliche Fermentierung nicht wichtig, weil ein Teil von ihr schon bei der Trocknung vorweggenommen wurde.

Der Vorteil der Maschinenfermentation liegt in der Schnelle des Vorganges (ca. eine Stunde), und in dem Umstand, daß die helle Farbe des Tabaks erhalten bleibt, während er bei der natürlichen Fermentation stets nachdunkelt. In der Fermentierungsmaschine wird der Tabak mit Heißluft und Dampf behandelt.

Die meisten Orienttabake brauchen nicht eigens fermentiert zu werden. Bei ihnen geschieht in den Ballen bei niedrigen Temperaturen eine Art von Nachreifung. Diese Ballen sind übrigens die übliche Verpackung für das Orientgut, während die berühmten USA-Tabake, wie zum Beispiel Kentucky und Maryland, in riesigen Fässern (Gewicht bis zu 750 Kilo) versandt werden.

Bevor der Rohtabak jedoch seine Reisekleider bekommt, wird er noch nach Blattgruppen und -größen und nach Farbe und besonderen Eigenschaften sortiert.

Der umständlichste Weg für den Tabakverarbeiter, an die Rohware zu kommen, ist der Plantagenkauf, das heißt, die Abnahme direkt beim Erzeuger. Der meiste Tabak wird aber durch Versteigerungen, Veilings und Einschreibungen erhandelt. Die Tabakaufkäufer ›schmecken‹ den Tabak mit den Augen, den Händen und selbstverständlich mit der Nase. Von ihrem Können hängt für die Tabakkonzerne ungeheuer viel ab. Sie sind die Könige ihres Faches und praktisch unbezahlbar.

Bei den großen Versteigerungen in den USA werden die einzelnen Partien von Auktionatoren zugeschlagen, gegen deren Mundwerk ein Schnellfeuergewehr eine müde Angelegenheit darstellt. Es ist eine Lust, den *singers* zuzuhören, wenn sie die Preise aussingen, und man kommt mit den Augen einfach nicht mit, wenn sie mit nachtwandlerischer Sicherheit die *bids,* die Angebote, auffangen, obwohl diese oft durch nicht mehr als eine Fingerbewegung, ein leichtes Lüften des Hutes oder einen Griff ans Ohrläppchen angedeutet werden.

Im Gegensatz zur offenen Versteigerung wird bei den Einschreibungen das Angebot verdeckt abgegeben. Tabakeinschreibungen werden in der Bundesrepublik in Bremen abgehalten.

Bei der Veiling benützt der Auktionator eine Versteigerungsuhr, die langsam rückwärts läuft; zuerst also einen überhöhten, nicht zu erzielenden Preis anzeigt. Die Käufer können von ihrem Platz aus durch einen Knopfdruck den Uhrzeiger zum Stehen bringen. Wer das zuerst tut, hat das höchste Angebot gemacht und erhält den Zuschlag. Veilings sind in Kanada üblich.

Den ersten Willkommensgruß beim Überschreiten der Grenzen zur Bundesrepublik Deutschland bekommt der Tabak aus fremder Herren Länder von den deutschen Zöllnern entboten. Der Staat läßt sein liebstes Kind von nun an nicht eher mehr aus den Augen, als bis es sich in Nichts aufgelöst hat. Diese ›Fürsorge‹ muß der Verbraucher nicht zu knapp honorieren. Tabak ist eines der höchstbesteuerten Konsumgüter.

Da die Kassenlage der Fürsten und Herren vor zwei- und dreihundert Jahren auch nicht viel anders war als die der öffentlichen Haushalte heutzutage – nämlich schlecht –, wurden die Tabakraucher zu allen Zeiten ordentlich gebeutelt. 1637 gab es schon eine Tabaksteuer in Schlesien und 1675 in Bayern ein Tabakmonopol. Zu Kaisers Zeiten wurden die Tabakabgaben in Form einer Flächensteuer beim Anbauer erhoben. Erst 1906 einigte man sich, nach heftigen Kämpfen im Reichstag, auf die Banderolensteuer und führte sie – nach und nach – bis 1919 endgültig ein.

Viele Staaten entschieden sich an Stelle einer direkten Steuer für Tabakmonopole. Diese Monopole wurden häufig an verdiente Staatsdiener vergeben, gar nicht selten gelangten sie aber in die Hände ausbeuterischer und übler Kreaturen. In Frankreich nannte man die Pächter *Fermiers*. Sie waren äußerst unbeliebt, und als das Monopol in der französischen Revolution aufgehoben wurde, mußte mancher der Fermiers den Kopf unter die Guillotine legen. Der Tabakfreiheit erfreuen durften sich die Franzosen allerdings nicht lange: Schon 1811 führte Napoleon I. das – heute noch bestehende – Tabakmonopol wieder ein.

Eines der ältesten Tabakmonopole hat Österreich. Es geht auf das Jahr 1670 zurück.

Die Frage, ob der Fiskus das Recht hat, eine Sache zu besteuern, die von Moralisten immer wieder in das Zwielicht von Süchtigkeit und Gaumenlust, von Leichtsinn und seichtem Lebenswandel gezerrt wurde, ist oft gestellt worden. Heute erscheint uns eine solche Problematik rein theoretisch. Wir glauben, daß Tabak, wenn überhaupt süchtig, dann bestenfalls sehnsüchtig macht. Im übrigen aber haben wir uns daran gewöhnt, das Tabakrauchen nicht unmoralischer zu finden als meinetwegen das Eisenbahnfahren oder Rundfunkhören.

LEKTION VIII

In der vorigen Lektion wurde von der täglich notwendigen Reinigung der Tabakspfeifen gesprochen. Handeln wir nach diesen Empfehlungen, so werden wir den vorzüglichsten Rauchgenuß haben, und unsere Umwelt wird feststellen, daß sie es mit einem vorbildlichen Pfeifenraucher zu tun hat.

Man soll nicht sagen, das Urteil der anderen sei gleichgültig; wir leben alle von der guten Meinung unserer Mitmenschen.

Es ist rund 100 Jahre her, daß der gewesene Sattlergeselle Alfred Dunhill in der Duke Street 31a in London ein kleines Tabakwarengeschäft eröffnete. Dieser Mann, der von Tabak und Pfeifen am Anfang seiner Karriere nicht mehr verstand als jeder gewöhnliche Sterbliche, schuf im Laufe seines Lebens ein Imperium, das an Ruf und Nobilität nicht seinesgleichen hat. Dunhill ist selbst für Leute ein Begriff, die in ihrem Leben noch niemals eine Pfeife in den Händen hielten. Einmal bei Dunhill-London einkaufen, wenigstens eine *Dunhill* besitzen, ist der geheime Wunsch jedes wahren Pfeifenfreundes. Alfred Dunhill war ein Außenseiter, und er hatte, wie das bei Außenseitern nicht selten ist, an einem Tag mehr geschäftsfördernde Einfälle als alle alten Tabakfüchse von London zusammengenommen im ganzen Jahr. Er war ein Genie.

›Weißer Punkt‹ und nochmals Pfeifenpflege

Sein genialster Einfall drehte sich um einen einfachen, kleinen weißen Punkt. Mit ihm sollte Dunhill Millionen verdienen. Er ließ ihn auf den Mundstücken der von ihm hergestellten Pfeifen anbringen und schuf damit eines der einfachsten, einprägsamsten und erfolgreichsten Werbezeichen der Welt.

Besitzer einer *Dunhill* grüßen sich nach einem schnellen Blick auf das Mundstück auch heute noch wie geheime Verschwörer.

Greift sie nicht ans Herz, die rührende Geschichte von dem zum Millionär aufgestiegenen Sattlerjungen? Und was die Story mit dem weißen Punkt betrifft, so ist sie geradezu lesebuchreif, würde ich sagen.

Leider sehen Wirklichkeit und Wahrheit auch hier – wie so oft – anders aus als die Legende. Den Sattlerlehrling Alfred Dunhill hat es zwar tatsächlich gegeben, doch den Ruhm, den weißen Punkt erfunden zu haben, muß er mit anderen teilen. Er prangt nämlich auch auf den Mundstükken der in Deutschland vertriebenen Pfeifen aus den Vereinigten Nürnberger Pfeifenfabriken VAUEN. Und das zu Recht. Denn das Reichsgericht in Leipzig hat es in den zwanziger Jahren den Nürnbergern nach längerem Rechtsstreit ausdrücklich erlaubt.

Vor diesem höchsten Gerichtshof der Weimarer Republik haben sich Dunhill und Vauen drei Jahre lang um den besagten Punkt gestritten. Der für die Nürnberger günstige Ausgang des Prozesses läßt den Schluß zu, daß sie nicht weniger einfallsreiche Werbeleute waren als der große Pfeifenmagier in London.

Wir halten fest: Manche schöne Pfeife, die sich durch Weißpunkt als exklusive Londonerin ausweisen möchte, hat in Wirklichkeit im Frankenland das Licht der Welt erblickt.

Von diesem kleinen Ausflug kehren wir noch einmal zum Kapitel Reinigung und Pflege der Pfeifen zurück.

Neben der täglichen Routinesäuberung müssen wir unsere Pfeifen von Zeit zu Zeit auch einer Generalreinigung unterziehen. Es gibt keine Norm, in welchen Abständen das zu geschehen hätte. Man merkt es, wenn es wieder einmal so weit ist.

Zu den schon bekannten Reinigungsutensilien kommt jetzt noch etwas von der im Handel erhältlichen Pfeifenreinigungs-Flüssigkeit hinzu.

Die Säuberung des Holms und des Mundstücks geschieht in der gleichen Weise wie bei der täglichen Reinigung (s. Seite 110ff.), nur werden die Pfeifenputzer zuvor in die schon genannte Reinigungsflüssigkeit getaucht. Sie dürfen feucht, aber nicht triefnaß werden. Durch das Pfeifenbad verschwinden alle versteckten Schmutzrückstände, und die Pfeife wird geschmacksneutralisiert. Alle mit der Flüssigkeit in Berührung gekommenen Stellen werden hinterher mit neuen Pfeifenreinigern wieder gründlich trockengerieben. Pfeifen sind gegen Nässe empfindlich und müssen vor ihr geschützt werden.

Achten Sie bitte darauf, daß nichts von der Reinigungsflüssigkeit auf die Oberflächen Ihrer Pfeifenköpfe kommt. Bei glatten, polierten Bruyèreholzköpfen, noch mehr aber bei Meerschaumpfeifen hinterläßt das Mittel auf der glänzenden oder seidenmatten Oberfläche blinde Stellen, weil es den Polier- bzw. Wachsfilm angreift.

Ehe wir die Pfeife nach der inneren Großreinigung wieder zusammensetzen, prüfen wir noch die Kohleschicht an den Wänden des Kopfes.

Sie soll nicht wesentlich dicker als 2 mm sein. Bei größerer Stärke wird der Pfeifenkopf zu sehr verengt und kann wegen der übermäßigen Ausweitung der Kohleschicht unter Umständen sogar reißen. Völlig entfernt darf die Ablagerung aber keinesfalls werden. Mindestens 1 mm muß stehen bleiben. Sie schützt das kostbare Holz vor dem Verbrennen und nimmt infolge ihrer Porösität unerwünschte Feuchtigkeit auf.

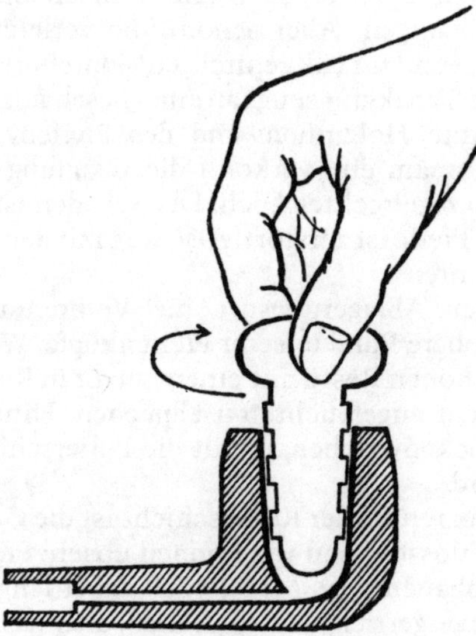

Entfernt wird die Koksschicht mit einem Pfeifenschlüssel oder Pfeifenräumer (s. Abb.). Es gibt solche in starrer, den üblichen Dimensionen der Pfeifenköpfe angepaßter Ausführung und solche mit federnd gelagerten Schneideflächen, die sich der jeweiligen Bohrung angleichen. Nicht alle sind leicht zu handhaben. Gehen Sie deshalb bitte vorsichtig mit Pfeifenschlüsseln um. Schon mehr als ein Pfeifenkopf ist durch ihre Gewalt gesprengt worden. Die Kohleschicht soll nicht abgebrochen, sondern langsam in hauchdünnen Schichten ausgeschabt werden. Zu diesem Behuf wird der Pfeifenschlüssel in den Tabakraum eingeführt und mit langsamen, schraubenden Bewegungen immer in ein und derselben Richtung bewegt. Mit dem blanken Holz darf der Pfeifenräumer niemals in Berührung kommen!

Vor der Verwendung ungeeigneter Hilfsmittel zur Entfernung des Kokses warne ich eindringlich. Eine gleichmäßige, schichtweise Abtragung ist mit Messern, Stemmeisen, Bohrern u.ä. nicht möglich. Mit solchen Zerstörungsrequisiten würden wir unweigerlich Stücke aus der inneren Schutzwand des Pfeifenkopfes brechen und wahrscheinlich sogar das Holz beschädigen. Aber schon eine verletzte Kohleschicht kann Grund für das gefürchtete ›Durchbrennen‹ der Pfeife sein. Die Tabakglut sengt an einer beschädigten Stelle die ungeschützte Holzinnenwand des Pfeifenkopfes an, brennt sich langsam ein, verkohlt die Wandung und frißt schließlich ein regelrechtes Loch. Der Schaden ist nicht zu reparieren, die Pfeife ist zerstört. Also weg mit den untauglichen Instrumenten!

Ein beliebter Ablagerungsort für Verbrennungsrückstände ist der obere Rand unserer Pfeifenköpfe. Wir beseitigen diese unschönen Reste mit einem zuvor in Reinigungsflüssigkeit leicht angefeuchteten Läppchen. Hinterher sofort wieder trockenwischen, damit die Polierschicht nicht beschädigt wird.

Mit der Reduzierung der Kohleschicht ist die Generalreinigung abgeschlossen, und wir können unsere Pfeifen wieder zusammenbauen. Das Mundstück dabei langsam, mit Gefühl, in Uhrzeigerrichtung eindrehen; aber das ist Ihnen ja bereits geläufig.

Den Tabakspfeifen geht es genauso wie uns: Sie werden mit den Jahren nicht ansehnlicher. Im Laufe der Zeit bekommen sie blinde Stellen in der Politur, Mundstücke verfärben sich, die Zapfen werden locker. Gegen die meisten der kleinen Gebrechen gibt es erprobte Selbsthilfemittel. Wir werden uns dieser um so lieber bedienen, als Pfeifen – diesmal im Gegensatz zu Menschen – um so begehrenswerter werden, je älter sie sind. Viele erreichen ihre schönste Reife, ihre ›geschmackvollste‹ Zeit, erst, wenn ein Nichtsversteher schon die Nase über ihr Äußeres rümpft. Ist der Wachsfilm oder die Polierschicht beschädigt – häufig ist der natürliche Handschweiß des Besitzers an der Fatalität schuld –, wird mit käuflichem Pfeifenwachs oder auch gewöhnlichem Bienenwachs nachgeholfen. Die Wirkung des Wachses hält nicht lange an. Es muß also bald wieder aufgetragen werden. Das sollte aber stets nur hauchdünn geschehen, damit sich die Poren des Holzes nicht verstopfen. Nach dem Auftragen wird mit den Fingern kräftig verrieben und einmassiert und hinterher mit einem weichen Lappen überpoliert. Wer kein Wachs zur Hand hat, dem tut es auch ein Tropfen reines Leinöl.

Manche passionierte Raucher werden diese Ratschläge nachsichtig belächeln. Sie haben nämlich ein sehr viel einfacheres Hausrezept: Während des Rauchens streichen sie mit dem warmen Pfeifenkopf einige Male über die Nasenflügel. Wiederholt man dieses Verfahren vor dem Weglegen der Pfeife, dann begrüßt uns unsere ›Wonnige‹ am anderen Tag wie frisch aus dem Laden geholt. Der Mensch als Poliermittelfabrik ist keine Alltäglichkeit!

Der bei manchen Mundstücken am Lippenende mit der Zeit auftretende unschöne grünlich-rauhe Belag kann mit ›Sidolin‹ beseitigt werden. Das Mittel wird nach Gebrauchsanweisung mit Watte eingerieben und hinterher nachpoliert. Die Manipulation hat aber nur Sinn, wenn sie einige Male wiederholt wird.

Ist der Glanz des Mundstückes stumpf geworden, dann rücken wir ihm mit ›Polifac‹ Polier-Schleif-Paste (auch fürs Auto) oder mit Mundstückspaste vom Fachhändler zu Leibe. Die Anwendung erfolgt wie bei dem vorhergehenden Mittel, und auch hier heißt es, den Mut nicht sinken lassen, wenn es beim erstenmal nicht gleich hilft.

Stets wird nach dem Gebrauch von Reinigungsmitteln ein Pfeifenputzer durch den Rauchkanal gezogen, damit keine geschmacksbeeinträchtigenden Reste zurückbleiben können.

Wer seine Pfeifen nicht gerade zum Einschlagen von Nägeln, als Bremsklotz für das Kleinauto oder Apportsache für seinen Hund mißbraucht, wird keinen Ärger mit ihnen haben. Pfeifen sind ideale Konstruktionen, sie haben nur eine Stelle, an der sie reparaturanfällig sind: die Verbindung von

Holm und Mundstück. Hier kommt es, meistens durch unsachgemäße Behandlung, zu den leidigen Zapfenbrüchen.

Ist das Unglück passiert, muß die Pfeife in der Regel dem Hersteller eingeschickt werden, denn das neue Mundstück will fachmännisch eingepaßt sein. Glück im Pech haben Sie, wenn Ihr Händler eine eigene Reparaturwerkstatt unterhält. Solche Ideal-Betriebe werden aber leider immer seltener.

Unangenehmer als Zapfenbrüche sind Holmrisse und -brüche. Sie sind nur zu reparieren, wenn der Holm so lang ist, daß er neu gedreht und zugerichtet oder mit einem Ring versehen werden kann. Auch in diesem Fall muß das Mundstück frisch eingepaßt werden.

Wenn wir einmal Pech mit einer Pfeife haben, zeigt sich der Vorteil, mit einem guten Fachgeschäft in Verbindung zu stehen. Hier wird man sich immer – wenn auch nicht gerade freudig bewegt – um die Behebung unseres Wehwehchens bemühen.

Ich rekapituliere noch einmal in Kürze: Reinigen Sie die am Tag benützten Pfeifen am Abend. Seien Sie zärtlich zu Ihren Lieblingen und klopfen Sie sie nicht an harten Gegenständen aus. Gönnen Sie ihnen hin und wieder eine innere General-Reinigung. Der Rand des Pfeifenkopfes wird stets peinlich saubergehalten, die Kohlekruste im Inneren von Zeit zu Zeit mit dem Pfeifenschlüssel vorsichtig abgeschabt. Soll das Rohr gehörig festsitzen, darf es immer nur nach ein und derselben Richtung ein- und ausgedreht werden. Für eine gelegentliche Massage mit Wachs oder anderen geeigneten Mitteln sind polierte Pfeifen dankbar.

8. Kapitel
Vom Rohtabak zum Rauchtabak III

DIE AUFBEREITUNG

Tabakrauchen ist ein entbehrlicher, aber kein eingebildeter Genuß.

Zu einer asketischen Daseinsfristung braucht es nicht viel, und die Tabakpfeife gehört bestimmt nicht dazu. Ich möchte auch jenen Mitmenschen, die in den Genüssen, die diese Welt zu verschenken hat, stets und immer ein dickes Haar finden, dringend vom Pfeifenrauchen abraten. Sauertöpfischen Herzen bekommt das indianische Kraut nämlich besonders schlecht, und eine Zierde für die Gesellschaft der Raucher sind die Enthaltsamkeitsapostel auch nicht gerade.

Daß sich in der Gilde der Pfeifenraucher eine möglicherweise gar nicht geringe Zahl lupenreiner Individualisten und Originale befindet, ist ziemlich sicher. Ich persönlich habe dagegen nichts einzuwenden. Ich mag Menschen, die sich dagegen wehren, in einer namen- und häufig leider auch kopflosen Menge unterzugehen. Originalität und Eigenständigkeit sind ohnehin rar geworden in einer Zeit, die zur Treibjagd gegen die letzten Einzelgänger geblasen hat.

ABC-Schützen in der Tabakraucherschule argwöhnen zuweilen, die älteren Semester hätten bei der Sache vielleicht doch nicht so viel Vergnügen, wie sie vorgeben; sie frönten ihrer Leidenschaft vielmehr hauptsächlich deshalb, weil sie anders ist als andere Rauchgewohnheiten, weil die Pfeife den Mann gut kleidet und ihn mit einem Nimbus umgibt, dem sich vor allem die Damenwelt nur schwer entzieht.

Der Mensch ist mit Worten nicht zu überzeugen. Deshalb rate ich den Zweiflern an der Unübertrefflichkeit des Pfeifenrauchens, nur recht fleißig zu üben.

Freimütig will ich jetzt auch, da meine Leser und ich uns kennen und, wie ich meine, auch schätzen gelernt haben, zugeben: Es brennt und prickelt tatsächlich am Anfang zuweilen auf der Zunge. Doch glauben Sie mir: Das liegt nicht an der Pfeife, auch der Tabak ist nicht schuld daran – es liegt allein an Ihrer empfindlichen Zunge.

Man kann von einer Tabakspfeife alles mögliche verlangen, aber wir sollten von ihr nicht erwarten, daß sie alle unsere Schwierigkeiten in blauen Dunst auflöst. Ihrem Einfluß unterliegt vor allem die Gemütszone, die Dinge, die mit Herz und Gefühl zu tun haben also, und deshalb ist sie bei der Abfassung von Steuererklärungen und der Ausarbeitung von Schuldenregistern bestenfalls stumme Trösterin und geduldige Zuhörerin. Man darf seiner Pfeife vieles zumuten, denn sie ist von sanfter Gemütsart; aber es gibt bei ihr auch einen Punkt, wo sie nicht mehr mitspielt.

Nach meinen Beobachtungen mögen gute Pfeifen den Tabakwechsel nicht. Sie beantworten ihn so gut wie immer mit einem Verlust an Wohlgeschmack. Von den hocharomatischen Tabakmischungen scheint bei jedem Durchrauchen eine Winzigkeit, eine Spur des Aromas in die Kohleschicht und das Holz einzudringen. Jedesmal, wenn die Pfeife dann neu gefüllt und angebrannt wird, werden diese Duftgeister frei und bewirken, daß unser Tabak besser schmeckt, als er in Wahrheit ist. Pfeifen, aus denen immer die gleichen Mixtures geraucht wurden, riechen auch leer ganz deutlich nach diesen Mischungen. Die Pfeife nimmt Geschmack und Geruch der Tabakkompositionen an.

Wird nun so eine an ›ihren‹ Tabak gewöhnte Pfeife mit einer anderen, geschmacksunterschiedlichen Mischung gefüllt, so streikt sie nach meiner Beobachtung, das heißt, das in den Pfeifenkopf eingedrungene, das ›Hausaroma‹ liegt im Widerstreit zum neuen Geschmack. Das geht auf Kosten unseres Rauchgenusses. Wahrscheinlich werden Vorgänge wie die geschilderten nicht von allen Rauchern, sondern nur von besonders empfindsamen Zungen wahrgenommen. Trotzdem wären Folgerungen aus den gemachten Beobachtungen zu ziehen. Da kein Pfeifenraucher jahraus, jahrein denselben Tabak rauchen mag, sondern vielmehr gern einmal wechselt oder sich sogar zu gleicher Zeit an mehreren Sorten versucht, kann die logische Konsequenz nur lauten: Jedem Tabak seine eigene Pfeife!

Ich möchte mit dieser, im ersten Augenblick sicher überraschend klingenden Forderung niemand erschrecken oder gar in den Ruin jagen. Beim Pfeifenrauchen darf es bekanntlich jeder so halten, wie es ihm Gusto und Geldbörse vorschreiben.

»Jedem Tabak seine eigene Pfeife« ist, das sei zugegeben, ein recht massives Verlangen. Und kostspielig ist es außerdem. Aber es steckt etwas dahinter und ich verspreche Ihnen: Wenn Sie es erst dahin gebracht haben – werden Sie Ihre blauen Rauchwunder erleben!

Wir wollen uns noch einmal dem Werdegang des Tabaks zuwenden und abschließend verfolgen, wie aus Rohtabak fertiger Pfeifentabak wird.

Tabak braucht Ruhe. Nach den Aufregungen der Ernte, Trocknung und Fermentierung lagert er in Ballen und Fässer gepackt in den großen Vorratslagern seiner neuen Herren, der Rauchtabakfabrikanten, und dämmert in vollkommener Ruhe der letzten Reife entgegen.

Die Kunst moderner Tabakherstellung besteht 1. darin, aus dem vorhandenen Rohmaterial Mischungen zu komponieren, die möglichst viele der breitgefächerten Verbraucherwünsche erfüllen und 2. – und das ist das Schwierigste – diese Mischungen jahrelang in möglichst gleichbleibender Qualität und mit unverändertem Geschmack und Aroma auf die Ladentische zu bringen.

Für die Mischungen gibt es Rezepte. In ihnen steckt ein ungeheurer Aufwand an Arbeit, Einfallsreichtum, Erfahrung und Experimenten. Deshalb verwundert es niemand, wenn die Firmen diesen kostbaren Besitz hüten.

Rauchtabak wird heute vornehmlich als Schnittabak und nur in geringerem Umfang als Preßtabak hergestellt. Die Fertigung wird in modernen Fabriken bereits weitgehendst elektronisch gesteuert, die menschliche Hand kommt mit dem Tabak kaum noch in Berührung.

Folgen wir nun der Herstellung von Schnittabak:

Je nach der Zusammensetzung der geplanten Mischung erfolgt der Abruf des Tabaks aus dem Rohtabaklager. Über die Zollabwiegung gelangt er in die eigentliche Fabrikation. Damit die vorläufig noch trockenen und spröden Blätter im Laufe der weiteren Verarbeitung – der Fachmann spricht von Aufbereitung – nicht brechen, werden sie in Vakuumkessel eingebracht und erhalten unter dem Einfluß von hochgesättigtem Wasserdampf die gewünschte Geschmeidigkeit und Griffigkeit.

Hierauf wird das Blattgut entrippt. Nur die kleinblättrigen Orienttabake mit ihren zarten Rippen bleiben von dieser Tortur verschont. Wie von Geisterhand geführt, gelangen die nun schon etwas ramponierten Tabakblätter in die Mischmaschinen. Hier wird das Kunststück vollbracht, aus verschiedensten Herkünften, manchmal sind es bis zu 25, aus Blattgut unterschiedlichster Größe nach den Rezeptvorschriften die verlangte Mischung exakt herzustellen.

Weiter geht es über Transportbänder zu Befeuchtungstrommeln, denn das Blattgut muß vor dem Schneiden abermals in Wasserdampf geschmeidig gemacht werden.

Zu Blöcken zusammengepreßt, erreicht der Tabak die Schneidemaschinen. 15 000 Schnitte in der Minute führen die rotierenden Messer aus. Nach jedem Schnitt werden sie automatisch nachgeschliffen. Auf die gewünschte Breite zugeschnitten, wandert der Tabak zur Röstanlage, in dem ihm die überschüssige Feuchtigkeit wieder entzogen wird.

Jetzt erfolgt auch die Aromatisierung, ein Vorgang, um den die Tabakfabriken viel Geheimnisse machen.

Beinahe fix und fertig, wunderbar duftend, erreicht das luftige Gekräusel das Schnittlager. Hier darf der Tabak noch einmal ca. 24 Stunden ausruhen, um dann durch ein Röhren-Transport-System je nach Bedarf zu den Wiegetischen und Paketierautomaten abgerufen zu werden.

Am Schluß der Rauchtabakproduktion stehen moderne Maschinen, die das kostbare Gut in hygienische und klimafeste Umhüllungen, in Weichpackungen, Frischbeutel, Wickelbeutel, Kappenschachteln und Blechpackungen füllen und diese mit der Steuerbanderole versehen. Viele Tabake werden vakuum- und tropenfest verpackt auf die Reise geschickt. Die Produktion von Preß- und Strangtabaken unterscheidet sich in einigen Punkten von der des Schnittabaks. Wir besprachen sie bereits auf Seite 67ff.

Der ganze riesige Aufwand vom Saatbeet über viele, viele Stationen bis zum geschilderten Ende wäre umsonst, wenn der Rauchtabak auf dem kleinen allerletzten Stück seiner Reise zum Verbraucher nicht mit der gleichen Sorgfalt behandelt würde, die er auf allen seinen Wegen erfahren hat. Die Hersteller von Rauchtabak verfügen über gut eingespielte Liefer-Frischdienste. Sie machen sich dabei die Fortschritte im modernen Speditionswesen zunutze, so daß Tabak heute an jedem beliebigen Ort fabrikfrisch zu haben ist.

Der gute Fachhändler betreibt seinerseits eine weiterführende Pflege der empfindlichen Ware, und deshalb kommt es heute wohl kaum vor, daß dem Kunden Tabak angeboten wird, der nicht in jeder Beziehung einwandfrei ist.

Eine Fabrik ist kein Museum, und eine Tabakfabrik, in der man es ja einmal mit einem empfindlichen Naturprodukt zu tun hat, die zum anderen an strenge hygienische Forderungen gebunden ist, so eine Fabrik ist auf Besucherströme nicht eingerichtet. Ich möchte Ihnen trotzdem wünschen, daß Sie einmal Gelegenheit haben, so ein Werk zu besichtigen. Ich bin sicher: Sie werden das Erlebnis nicht vergessen. Zwischen Tabakballen und Vakuumkesseln, Entrippern, Sortierbändern, Mischanlagen und Schneidemaschinen, zwischen Rösten, schwebenden Mulden, Waagen und Paketiermaschinen wird man zwar noch lange nicht zum Fachmann par excellence. Aber eines wird Ihnen bestimmt klar: Zu keiner Zeit vor der unseren wurde ein vergleichbarer Aufwand an Wissen, Können und Erfahrung, an Kapital und ingeniösem Witz eingesetzt, um die Blätter der Pflanze Nicotiana zu dem zu machen, was wir lieben: zu Rauchtabak.

Wir sind die von einem gütigen Schicksal verwöhnteste Rauchergeneration seit dem Tag, an dem der Tabak in die Welt kam. Für mich hat diese Erkenntnis nicht nur etwas Erhebendes und Bewegendes, ich finde, sie beruhigt auch kolossal.

LEKTION IX

Nicht jeder, der sich eine Pfeife in den Mund steckt, ist deshalb schon ein eingeschworener Gefolgsmann König Tabaks. Als wir Lausbuben waren und mit dem bei Vater stibitzten Tabak erste Glimmzüge machten, taten wir es nicht um des Geschmackserlebnisses willen. Wir wollten wissen, was an der Geschichte dran war, von der die Erwachsenen soviel Aufhebens machten. Ich erinnere mich, daß ich hinterher lange nachgrübelte, um herauszubekommen, was meinen Vater wohl veranlaßt haben mochte, eine Sache mit Ernst und sichtlich auch mit Vergnügen zu betreiben, die nach meiner Erfahrung nichts als Husten, Unbehagen und Übelkeit bis zum Erbrechen hervorrief.

Mit 16 Jahren rauchte ich, weil ich von meiner Umgebung und insbesondere von einem schönen Mädchen, das Doris hieß, als erwachsen anerkannt werden wollte. Es schmeckte immer noch nicht besonders gut, und ich mußte feststellen, daß die Umwelt von mir nicht mehr Notiz nahm als zuvor. Doris lächelte freundlich-nachsichtig, wenn sie mich sah, und ließ sich, wie zuvor, von einem anderen von der Schule nach Hause begleiten.

Lange bevor der Tabak aus Amerika zu uns kam, rauchte man in der alten Welt aus religiösen und kultischen Gründen. Die berühmte Pythia des Orakels von Delphi zum Beispiel logierte gewissermaßen auf der göttlichen Pfeife des

Tabak will gut behandelt sein

Apollo. Ein reines Vergnügen ist das wohl sicher nicht gewesen.

Im vorkolumbianischen Zeitalter war das Rauchen überhaupt kein Vergnügen. Man beschwor Geister, indem man getrocknetes Gras und Kräuter aus pfeifenähnlichen Gebilden qualmte, und man glaubte mit dem Rauch, von teilweise recht unappetitlichen Naturalien, dreiunddreißig Krankheiten wegblasen zu können.

Im 18. Jahrhundert war das Tabakrauchen nicht selten der Vorwand zur Gründung von revolutionär-politischen Klubs, die man als Geselligkeitsvereine tarnte.

Der vor einigen Jahren verstorbene Professor Fritz Likint, wahrscheinlich der erbittertste unter den ernstzunehmenden Tabakgegnern, glaubte bei manchen Rauchern pyromanische Abartigkeiten entdeckt zu haben und deklarierte den Drang zum blauen Dunst als eine Art von ›Lungenmasturbation‹.

Psychologen und Psychoanalytiker wiederum wittern hinter dem Geschäft des Pfeifenrauchens infantiles Lutschverlangen.

Doch kehren wir zur Tabakologie zurück. Lassen Sie mich noch einiges über die Pflege des Tabaks anmerken:

Wir können getrost davon ausgehen, daß in Deutschland Rauchtabak beinahe ausschließlich in den von der Industrie angebotenen fertigen Mischungen konsumiert wird. Unsere

Steuergesetze gestatten den Verkauf loser, d.h. unbanderolierter Tabake nicht, und damit entfällt die Möglichkeit, aus vielerlei unvermischten Tabaken Mixtures nach eigenem Gusto zusammenzustellen, so gut wie vollkommen.

Selbstverständlich gibt es auch hierzulande Geschmacksindividualisten, die anders rauchen wollen als andere. Sie bereiten sich aus den angebotenen Sorten ›ihre‹ Mischung. Eine Fingerspitze voll Latakia macht eine Mixture kräftiger und gibt ihr rauchigen Wohlgeruch, etwas naturreiner Holländer nimmt stark soßierten Tabaken ihre schwüle Süße, und reiner Maryland, wohldosiert untergemischt, verleiht unserem Tabak einen ›französischen‹ Beigeschmack.

Neuerdings werden sogenannte Tabak-Bars angeboten. Das sind eine größere Anzahl verschiedener Tabake in 25-g-Packungen, die man nach beigefügtem Rezept oder eigenem Gusto untereinander mischen kann. Ob es als ernsthaftes Tun oder amüsante Spielerei aufgefaßt wird, wer Spaß daran hat, soll sich nicht abhalten lassen, sich so etwas wie ›My Own Blend‹ selbst zu komponieren.

Der Gedanke liegt nahe, der Geschmack des Rauchers werde bei uns durch die Industrie manipuliert. In dieser Überlegung steckt sicher ein Quäntchen Wahrheit. Aber eben nur eine Winzigkeit.

Schon aus Gründen der Selbsterhaltung ist die unter Konkurrenzdruck operierende Industrie bemüht, den differenzierten Geschmackswünschen des Publikums entgegenzukommen. Bei dem ungewöhnlich breitgefächerten Angebot, wie es sich uns heute darbietet, findet mit ziemlicher Sicherheit jeder das ihm zusagende Rauchkraut. Außer der Pflege des Herkömmlichen, bereits Erprobten, müssen die Tabakfabriken aber auch immer wieder neue Kompositionen anbieten. Das gehört zum Marktgeschehen, und ohne eine solche Entwicklung müßten wir uns heute noch den Kanaster unserer Urgroßväter in die Pfeifen stecken.

Die Kreierung einer Tabak-Neuheit kostet Geld. Viel mehr Geld als sich der Laie vorstellt. Man wird es den Herstellern deshalb nicht verübeln, wenn sie für ihr neues Produkt entsprechend klingeln und erwarten, daß die getätigten Investitionen durch eine hohe Nachfrage honoriert werden. Doch auch die teuerste und lautstärkste Werbung ist für die Katz, wenn der Raucher den neuen Tabak nicht mag, wenn er bei ihm nicht ›ankommt‹.

Bevorzugt werden heute Mixtures nach englischer und amerikanischer Art. Die deutschen Tabakfabriken stellen solche Mischungen entweder nach eigenen Rezepten oder in Lizenz für ausländische Häuser her. Internationale Marken von Ruf sind in der Bundesrepublik Deutschland aber auch als Originalimporte zu kaufen.

Wegen ihrer Bedeutung soll hier noch einiges über die Eigenarten englischer und amerikanischer Pfeifentabakmischungen gesagt werden.

Englische Pfeifentabake werden in zwei große Gruppen getrennt:

1. die sogenannten Mixtures und
2. die Flakes, Plugs, Navy Cuts und Curly Cuts.

1. Mixtures

Die Bezeichnung bedeutet schlicht ›Mischungen‹. Der Tabak wird bei uns auf eine Breite von ca. 1,5 mm geschnitten. Die Mixtures enthalten im Verhältnis zu der zweiten Gruppe wenig natürliche Feuchtigkeit. Ihre Glimmfähigkeit ist deshalb ganz ausgezeichnet und sehr regelmäßig. Sie sind farblich schön abgestimmt – der schwarze Latakia-Würztabak hebt sich von der hellen Orient-Virginia Basismischung augenfällig ab. Einzelne Mischungen enthalten als besonderes Gewürz auch den aus den USA stammenden Perique. (Die Bezeichnung ›Perique‹ kommt von Pierre Chenet, der vor rund 200 Jahren diese spezielle Tabakaufbereitung von den Indianern Louisianas lernte und der den Spitznamen ›Perique‹ erhielt.)

Mixtures erkennt man

am langfaserigen Schnitt,
an der durchsetzten Farbe,
an der lockeren Verpackung (sie sind nicht gepreßt),
an ihrem Duft, bei dem der rauchige Geschmack des Latakias vorherrscht.

2. Flakes, Plugs, Navy Cuts und Curly Cuts

Flakes: flockig geschnittene, gepreßte Tabake
Plugs: in viereckige Blocks gepreßt
Navy Cuts: eigentlich ›Marineschnitt‹, meist 1,5 mm Mittelschnitt in Scheiben gepreßt
Curly Cuts: kleine runde Scheiben.

Alle Mischungen basieren auf hellen oder dunklen Virginiatabaken, denen je nach Sorte noch andere Provenienzen beigefügt werden. In fabrikfrischem Zustand beträgt die relative Feuchtigkeit 20% und mehr. Anders als die eher ›trockenen‹ Mixtures brennen diese Tabake deshalb langsamer und sind äußerst ausgiebig.

Flakes, Plugs und Navy Cuts werden unter hohem Druck und Wärmeeinwirkung über Tage und Wochen zu harten Platten gepreßt. Dieser Fabrikationsvorgang und die daraufhin einsetzende Nachfermentation der ›Kuchen‹ sind entscheidend für die Milde, das Aroma und die Farbe des Tabaks. Flakes und Plugs sind meist ziemlich grobflockig geschnitten und werden in gepreßten Blocks in Dosen verpackt.

Navy Cuts sind langfaserige Schnitte, die im allgemeinen in gepreßten Scheiben oder in Plattenform geliefert werden.

Bei Curly Cuts werden helle und dunkle Blätter zu einem seilähnlichen Strang gedreht. In diesem Zustand vollzieht sich während der Lagerung die wichtige Nachfermentation der Blätter. Die Stränge werden danach in dünne Scheiben geschnitten, wobei jedes Scheibchen eine perfekte Mischung darstellt.

Der Vorteil gepreßten Tabaks liegt darin, daß er sich lange feucht und frisch hält. Da jedoch die Glimmfähigkeit im Preßzustand äußerst gering wäre, muß er vor dem Füllen der Pfeife in der Handfläche zerrieben werden. (Nur Curly Cuts werden von manchen Tabakfreunden unzerrieben, also in Stücken geraucht.)

Alle vier Tabaktypen sind mit natürlichen Aromastoffen soßiert. Dadurch erhalten sie jenes große Bouquet und den unvergleichlichen Duft, die sie so sehr beliebt machen.

Wem Tabake englischen Typs zu aromaintensiv sind, kann sie gut mit einem ›neutralen‹ Tabak mischen und strecken. (Etwa 50 Gramm ›Engländer‹ mit 40 Gramm ›Neutralem‹.) Als geeigneten Mischtabak empfehle ich einen traditionellen holländischen Pfeifentabak, wie er bei uns überall zu haben ist.

Pfeifentabake aus den USA und in Deutschland hergestellte Mixtures nach amerikanischer Art sind auf der Basis von Burley- und Bright (Virginia)-Tabaken aufgebaut. Sie erhalten ihre besondere Note durch das *flavouring* – das Aromatisieren – mit Zutaten wie zum Beispiel Fruchtessenzen, Zucker in verschiedenen Formen, ätherische Öle, Tonkabohnen, Lakritze, Schokolade, Cumarin, Vanillin, Ahornsirup, Rum usw. Diese Additive geben den Mischungen ihren spezifischen Duft und übernehmen gleichzeitig die Aufgabe von Feuchtigkeitsträgern und Konservierungsmitteln. Für die deutsche Tabakindustrie sind Begriffe wie ›flavourn‹, ›aromatisieren‹ oder gar ›soßieren‹ Tabus. Man tut es zwar, aber man spricht nicht darüber, und die Peinlichkeit, mit der solche Begriffe aus allen Schriften, die den Verbrauchern in die Hände kommen könnten, herausgehalten werden, grenzt an Hysterie. In der Werbung erfährt man selbstverständlich ebenfalls nichts von diesen Dingen, und selbst die sich ernsthaft gebende Fachliteratur unterschlägt den wichtigen Abschnitt des Bearbeitungsprozesses am liebsten oder schleicht um ihn herum wie die Katze um den heißen Brei. Ich habe bei Besichtigungen deutscher Tabakfabriken wiederholt erlebt, daß man mich an alles, was irgendwie des Herzeigens für wert befunden wurde, mit großer Bereitwilligkeit heranließ – nur durch die Räume, in denen schon der Geruch verriet, daß man in ihnen mit Aromastoffen arbeitete, wurde ich gewissermaßen hindurchgeschossen. Fragen nach den Verfahren sind mir bisher noch nie beantwortet worden.

Die Ursache für das merkwürdige Verhalten der Tabakindustrie liegt wohl darin, daß sie glaubt, der Tabakverbraucher würde bei Kenntnis der wahren Umstände seine mit dem Begriff Tabak häufig verbundenen Gedankenassoziationen von ›Naturreinheit‹ zum Nachteil des Geschäftes aufgeben.

Ich halte eine solche Auffassung für abwegig. Amerikaner und Engländer reden, soweit nicht die Wahrung ihrer Geheimrezepte dem entgegenstehen, offen über diese Dinge. Bei uns ergeht sich der Konsument, weil er Konkretes nicht erfährt, in dunklen Mutmaßungen und Spekulationen. Daß er an ›naturrein‹ denken soll, wenn er seine Nase in ein Paket kräftig soßierten Tabaks steckt, kann im Ernst nur jemand verlangen, der ihn für dumm verkaufen möchte.

Gesoßt wird Tabak übrigens schon sehr lange. Vor 150 Jahren verwendete man dazu Rosenblätter, schwarzen Tee, Zitronenschalen, Kardamom, Veilchenwurzel, Lakritze, Nelkenholz etc.

Der Pfeifenraucher unserer Tage ist zufrieden, daß ihm eine rührige Tabakindustrie die besten Tabakmischungen, die es je gab, anbietet. Daß diese Mixtures aromatisiert sind, und weil er, der Kunde, es so will, sogar soßiert sein müssen, hat er längst akzeptiert.

Wir sprachen von Tabakmischungen amerikanischer Art.

Sie sind durchwegs reich an köstlichsten Aromen. Dank ihres groben Schnittes rauchen sie sich kühl, sie sind mild und ergiebig.

An Schnittarten finden wir trotz verschiedener differierender Benennungen im wesentlichen die uns schon vertrauten

granulated – feinkörnig
ready rubbed – mittelkörnig, bereits zerrieben
flake cut – grobflockid
plug sliced – in Platten gepreßt:

Trotz der vielen Manipulationen, die er sich gefallen lassen muß, bis er in die Hand des Verbrauchers kommt, bleibt Tabak ein Produkt der Natur und bedarf deshalb der Pflege.

Die glücklichste Rauchergeneration aller Zeiten, die unsere nämlich, braucht sich darum freilich wenig Gedanken zu machen. Durch moderne Verpackungsmethoden, dank Frischbeuteln und luftdicht verschlossenen Dosen kommt der Tabak so zu uns ins Haus, wie er die Fabrik verlassen hat. Es ist deshalb unnötig, sich mit großen Mengen im voraus einzudecken. Trotzdem wird bei gewissen Gelegenheiten, an Geburtstagen zum Beispiel, mehr Tabak auf unseren Tisch gelangen, als wir binnen kurzem verbrauchen können. Er muß sachgerecht aufgehoben werden.

Die schlimmsten Feinde pfeifenfertig aufbereiteten Tabaks sind Trockenheit und Nässe. Deshalb wird in den Herstellerbetrieben wie beim Handel viel Aufwand zur Sicherung des optimalen Feuchtigkeitsgehaltes getrieben.

Der feinste Tabak der Welt schmeckt, wenn er zu trocken ist, wie eine 100jährige Seegrasmatratze. Ist er zu feucht, qualmt er wie ein Kartoffelfeuer.

Am besten sagt Tabak eine Luftfeuchtigkeit von ca. 65 Prozent und eine Lufttemperatur von ca. 18 Grad Celsius zu. Doch das ist für uns nicht mehr als Theorie, denn selbst, wenn Sie ein Thermometer im Hause haben – wer besitzt schon ein Hygrometer?

Wir behelfen uns damit, daß wir den ohnehin klimafest verpackten Tabak in den verschlossenen Beuteln oder Dosen belassen und an einem kühlen dunklen Ort aufheben. Wird unser Vorrat trotzdem einmal trocken, legen wir ihn am Abend für ein paar Stunden vor das Fenster. Das hilft fast immer.

In feinstem hanseatisch-angelsächsischen Stil, unter Verwendung von bestem Leder und Sterlingsilber, sind diese Tabatieren und Pfeifentaschen von Sillem's gefertigt.

Loser Tabak kommt in den gutschließenden Tabakstopf. Die meisten dieser Gefäße haben im Deckel einen Schwamm, der mit Wasser angefeuchtet für konstante Luftfeuchtigkeit sorgt. Fehlt so eine praktische Vorrichtung, helfen wir uns mit einer Apfelscheibe, bzw. einem Stück Zitronen- oder Apfelsinenschale. Auch ein zuvor benäßtes Löschblatt – etwa auf ein Format von 5 × 7 cm zugeschnitten – tut hervorragende Dienste.

Als Material für Tabaklagergefäße eignen sich vor allem solche aus Glas, unglasiertem Ton und Terrakotta, aus Porzellan und Kristall, und neuerdings kommen geschmackvolle, hübsch gearbeitete Tabakkästen und -dosen aus Hartholz wieder in Mode, und auch die nützlichen Fayencegefäße steigen in der Gunst des Publikums.

Macht die Vorratshaltung von Tabak zu Hause heute auch keine Schwierigkeiten mehr, bei Reisen, vor allem bei solchen ins Ausland, wird die Sache komplizierter.

Wer nicht eine sehr ausgefallene Marke raucht, bekommt das Futter für seine Pfeifen innerhalb der Bundesrepublik Deutschland und in den besseren Geschäften des europäischen Auslandes überall fabrikfrisch. Die Industrie stellt angenehm flache Frischhalte- und Wickelpackungen her, die gut aussehen und sogar im Abendanzug, ohne aufzutragen, ihren Platz finden.

Große Blechschachteln dagegen schleppt niemand gern mit sich herum, und deshalb wird der Tagesvorrat in einen Tabaksbeutel umgefüllt.

Diese gibt es in allen denkbaren Ausführungen, doch sehen Sie sich das Behältnis, das Sie zu erwerben gedenken, genau an. Wenn es nichts taugt, ärgern Sie sich hinterher Gallensteine an. Und verbieten Sie der lieben Verwandtschaft kategorisch, Sie zu festlichen Gelegenheiten mit Tabaksbeuteln, und seien es die »schönsten der Welt«, zu erfreuen. Ich habe in meiner Sammelsuriumkiste ein Dutzend geschenkte liegen, die zu nichts anderem nütze sind, als daß sie eines Tages meine Enkelkinder zum Sammeln von Kastanien verwenden.

Ein Tabaksbeutel sollte möglichst ›klimafest‹ sein. Einige kommen unseren Wünschen sehr entgegen. Sie haben Guttaperchaeinlagen o. ä. und festschließende Wülste dort, wo sie mit dem Reißverschluß zugemacht werden. In guten Tabak-Spezialgeschäften sind in der Regel auch die besten Tabaksbeutel in einer befriedigenden Auswahl zu haben.

Ein Stückchen Apfel, Zitronen- oder Orangenschale können wir, wie schon gesagt, zur Feuchtigkeitsstabilisierung mit zwischen den Tabak geben.

Ich kenne aber auch ein kleines recht nützliches Gerät, das unseren guten Tabak vor dem Austrocknen bewahrt. Es heißt ›Hydrostop‹ und ist ein etwa markstückgroßer, flacher Metallbehälter, dessen Oberflächen perforiert sind und in dessen Innerem sich ein Schwämmchen zum Anfeuchten befindet. Fragen Sie Ihren Fachhändler. Hat er dasselbe Gerät nicht, kann er Ihnen sicher etwas Ähnliches, gleich Nützliches anbieten.

Man kann seine Pfeifen in einem Diplomatenkoffer, in dem zwölf Stück samt dem notwendigen Zubehör Platz haben, spazierentragen. Manche Leute mögen das aber nicht, und vor allem Chefs haben etwas dagegen, wenn man damit am Arbeitsplatz aufkreuzt.

Ich bevorzuge für alle Tage Tabaksbeutel, die neben dem Tabak ein paar Pfeifenputzer, ein Pfeifenbesteck und eine Packung Flachzündhölzer aufnehmen. Wenn sich zusätzlich noch eine oder zwei Pfeifen unterbringen lassen, dann meine ich, daß das eine bequeme, praktische Sache ist.

Bei dem enormen Angebot ist die Auswahl nicht immer leicht. Wer es sich leisten kann, soll getrost Tabaksbeutel aus Krokodil- oder Schlangenleder benützen. Ihr Gebrauchswert ist aber nicht viel größer als derjenigen aus preiswerten, hygienischen Kunststoffen. Wichtig ist, daß alle Accessoires praktisch – und natürlich auch ein wenig hübsch und schick sind.

Im Ausland, vor allem in Übersee, müssen wir manchmal auf unsere Tabak-Hausmarke verzichten. Es ist sicher kein Nachteil, den Tabakgeschmack anderer Völker kennenzulernen, und deshalb werden wir auch nicht gleich schwermütig, wenn wir einmal kurze Zeit etwas anderes rauchen müssen, als wir von zu Hause her gewöhnt sind.

Mancher hat sich schon auf einer Reise in einen ausländischen Tabak so verliebt, daß er ihn sich nach Hause kommen ließ oder sich die deutsche Lizenzherstellung (wenn es eine solche gab) besorgte. Merkwürdigerweise schmeckte der Tabak jetzt aber mit einemmal gar nicht mehr so aufregend.

Diese Erfahrung hat schon mancher machen müssen. Sie beruht auf einer Tatsache und einer Täuschung.

Fachleute wissen: Tabak schmeckt tatsächlich an verschiedenen Orten und unter wechselnden Klimabedingungen verschieden. Was im Londoner Nebel als eine köstliche Offenbarung empfunden wird, braucht in Untergrainau am Fuße der Zugspitze durchaus nicht für extraordinär zu gelten.

Die Täuschung aber liegt darin, daß uns Menschen nur allzu leicht das Fremde und Ungewohnte wohlschmeckender, raffinierter und besser dünkt als das Herkömmliche und Alltägliche.

Freunde beklagen sich bei mir immer wieder darüber, daß diese oder jene Mixture in London oder New York so unvergleichlich besser geschmeckt habe, als die Lizenz-Herstellung der gleichen Marke daheim. Und sie geben viel Geld aus für Importtabak, obwohl die unter Kontrolle der Lizenzinhaber in Deutschland hergestellte Mixture haargenau dieselbe ist wie die im Ausland fabrizierte.

Wenn trotzdem bei vielen Pfeifenrauchern ausländische Tabake höher im Kurs stehen, so liegen die Gründe hierfür – von geringfügigen Unterschieden abgesehen – in gefühlsmäßigen, einer sachlichen oder geschmacklichen Beurteilung weitgehend entzogenen Vorstellungen.

9. Kapitel
Gentlemen only?

Wenn bisher die Rede davon war, Pfeife zu rauchen sei ein von Grund auf männliches Geschäft, so soll hier nun doch angemerkt werden, daß die Frauen dem stärkeren Geschlecht zwar den blauen Dunst niemals ernstlich streitig machten, zu manchen Zeiten aber doch selbst zur Pfeife griffen.

Bis weit zurück ins 17. Jahrhundert wissen Chronisten und Illustratoren immer wieder von pfeifenschmauchenden, oder ›tabaksaufenden‹, wie man es damals nannte, Frauen zu berichten, und wenn man ihnen folgt, dann muß die Leidenschaft bei den Damen zeitweilig recht krasse Formen angenommen haben.

So sah sich der schon einmal zitierte Dichter und Jesuitenpater Jakob Balde (1604–1668) veranlaßt, zu wettern: »Man trifft auf Frauen-Menscher, die Nadel und Spinnrad vernachlässigen und statt dessen eine Tabaksbüchse mit sich herumtragen und sogar Pfeife rauchen und sich dabei ihre glatten Mäuler mit Tabak anrußen und schwärzen.«

Daß Frauen tatsächlich so wackere Tabakverehrerinnen gewesen sein sollen, muß aber bezweifelt werden, wenngleich es, wie schon gesagt, nicht an Berichten fehlt, die oft im Stil der sattsam bekannten Kapuzinerpredigten die dem schrecklichen Laster verfallenen Weiber in Grund und Boden verteufeln.

Es darf eher vermutet werden, daß sich die Frauenwelt bis zum 20. Jahrhundert – von Ausnahmen abgesehen – große Zurückhaltung im Tabakkonsum auferlegte. Es sollte als eine Sensation gegolten haben, wenn eine Frau den Mut aufbrachte, sich in aller Öffentlichkeit zu König Tabak zu bekennen. Nur weil dem so war, hat man soviel Wesens um die paar rauchenden ›Menscher‹ gemacht. Eine Frau mit einer Pfeife im Mund war ein Ereignis, an dem sich alle Welt die Mäuler zerriß.

Galt das Tabakrauchen über lange Zeit schon in der Männerwelt als unmoralisch und suspekt, so lief eine rauchende Frau selbst noch im vorigen Jahrhundert Gefahr, in der öffentlichen Meinung der Halbwelt, wenn nicht gar den Venuspriesterinnen zugerechnet zu werden.

Paradebeispiel aller Chronisten für eine Tabakomanin par excellence ist die exaltierte Schriftstellerin George Sand (eigentlich Aurore Dupin, 1804–1876). Gerade bei ihr – die tatsächlich zeitweilig ungewöhnlich viel rauchte – liegt aber der Verdacht sehr nahe, daß sie sich dem König Tabak vor allem deshalb in die Arme warf, weil sie sich davon eine interessante Art der Befriedigung ihres Geltungsbedürfnisses versprach.

Den Tabak für sich entdeckt hat die Frau erst in diesem Jahrhundert, und – auch das soll festgehalten werden – bis auf den heutigen Tag gibt es mehr Nichtraucherinnen als Anhängerinnen der Nicotiana.

Im Dritten Reich, in dem sich die Staatsauffassung selbst in die persönlichsten Bereiche eindrängte und einmischte, konnte man allenthalben in der Öffentlichkeit auf Schildern und Anschlägen lesen: »Die deutsche Frau raucht nicht!« Ich habe nicht ermitteln können, wer der Erfinder dieser idiotischen Feststellung war, aber es beruhigt und freut mich doch ungeheuer, daß die deutschen Frauen so trefflich auf den unverschämten Griff nach ihrer persönlichen Freiheit reagierten, daß man sich höheren Orts geschlagen gab und ihnen selbst im Krieg von den knapp gewordenen Tabakwaren etwas zuteilte. (Frauen bekamen auf die ›Raucherkarte F‹ die halbe Männerration.)

Dauerhafte Beziehungen zur Tabakspfeife haben Frauen zu keiner Zeit gehabt. Noch in unseren Tagen unternahm die Industrie Anläufe, diesem von ihr offenbar als Manko empfundenen Zustand abzuhelfen. Man fabrizierte ›Damenpfeifen‹ und schmückte sie mit Similisteinen und echten Perlen. Damenpfeifenbestecke wurden entworfen und Damen-Rauchernecessaires, die man wie Handtaschen an einem Lederriemen über der Schulter tragen konnte. Alle diese krampfhaften Versuche, die Damenwelt zur Pfeife zu bekehren, blieben erfolglos. Den Umstand braucht niemand zu bedauern.

Mir ist nur ein einzigesmal eine Frau begegnet, die für sich in Anspruch nehmen konnte, eine wirkliche, echte und verständige Pfeifenraucherin zu sein. Es war ein sehr apartes, junges Mädchen, Tochter eines Tabakwarenhändlers aus Straubing in Niederbayern. Sie verstand mehr von Tabak und Tabakspfeifen als mancher sogenannte Fachmann. Vor allem wußte sie mit viel Charme und großem natürlichen Anstand mit Männerpfeifen umzugehen. (Sie hatte, wie sie mir versicherte, gar nicht erst einen Versuch mit den sogenannten Damenpfeifen gemacht.) Sie war so etwas wie eine ›weiße Rabenfrau‹.

Wollte man Frauen ernsthaft zu einem vergleichbaren Genußerlebnis verhelfen, wie es das Pfeifenrauchen ist, dürfte man nicht Männerpfeifen zu Frauenpfeifen verniedlichen – jeder, der dieses Buch aufmerksam gelesen hat, weiß, daß solche Pfeifen nichts taugen können –, sondern man müßte einen neuen Pfeifen-Rauchstil speziell für Frauen erdenken.

Wenn Frauen auch nur ausnahmsweise Pfeife rauchen, so ist ihre Einstellung, ihr Verhältnis, zu dieser schönen Männerbeschäftigung doch von sehr wichtiger und großer Bedeutung. Nicht bloß der Gardinen wegen. (Dieses Problem ist durch moderne Kunstfasern glücklicherweise ohnehin längst gelöst.)

Harmonie und Beständigkeit in den Beziehungen der Geschlechter zueinander hängt in der Regel gar nicht so sehr von vordergründigen Umständen ab. Verliebtheit und Geld, Intellekt, berufliche Stellung, Schönheit und was weiß ich noch, sind gut, doch sie garantieren kein dauerhaftes Glück zu zweit. Es sind oft die tausend Kleinigkeiten, von denen nichts im Lesebuch stand, die das Leben zum Paradies oder zur Hölle machen können. An einem falschen Parfüm oder einer bestimmten Art, beim Essen die Gabel zu halten, sind schon Ehen zerbrochen.

In einer Zweisamkeit gilt es vor allen Dingen, die Frau damit zu versöhnen, daß wir Pfeifenraucher einer Leidenschaft huldigen, die nicht ihr gilt. Wir müssen weiter ihre Skepsis besiegen, die sie gegen eine Sache mitbringt, die ihr rätselhaft, ja vielleicht sogar unheimlich erscheinen muß, weil sie nichts davon versteht.

Wir sollten uns nichts vormachen: Es ist ein Unterschied zwischen dem aufschauenden, hingebungsvollen Blick des jungen Mädchens zu dem schicken jungen Mann, der Pfeife raucht, und der abwägend-zweifelsüchtigen Haltung von Madame, wenn sie ihren Mann beobachtet, der an einem Sonntagvormittag seit zwei Stunden an seinen Pfeifen herumfummelt.

Pfeiferauchende Männer haben bei Frauen einen Stein im Brett. Sie gelten als solider, zuverlässiger und in sich gefestigter als andere. Dergleichen mögen Frauen. Die Gesundheit besagter Männer ist weniger gefährdet als die ihrer Mitbrüder von den anderen Fakultäten. Auch solches wissen Frauen zu schätzen. Mit den Eigenheiten, den Sitten und Gebräuchen eines Pfeifenrauchers aber wird sich unsere Lebensgefährtin um so eher abfinden, als wir unser Geschäft souverän beherrschen und mit Umsicht betreiben, und vor allem niemals unnötigen Wirbel darum machen.

Ich habe im Laufe der Jahre viele, sehr viele Frauen pfeiferauchender Männer nach ihrem Verhältnis zur Leidenschaft ihrer Eheliebsten befragt. Keine einzige wünschte eine Veränderung in den Rauchgewohnheiten des ihr Angetrauten, alle hielten Pfeiferauchen für die beste der möglichen Formen des Tabaksgenusses, und alle wünschten sie, daß, soweit vorhanden, die eigenen Söhne ebenfalls zu Pfeifenrauchern würden.

Der Duft des Tabaks ist ein männliches Parfüm. Man sollte jedoch nichts übertreiben und seine Pfeifen gründlich reinigen, bevor der Geruch beginnt, penetrant zu werden.

Pfeifen machen – richtig geraucht – nicht mehr Schmutz als Zigaretten oder Zigarren. Wenn Sie mir folgen: Räumen Sie trotzdem gebrauchte Pfeifenputzer und die Überbleibsel vom Pfeifenreinigen selbst weg. Auch wenn Ihre Braut oder Gattin protestiert. Glauben Sie mir: Die Damen werden Ihre Pfeifen um so lieber mögen, je weniger sie direkt mit ihnen in Berührung kommen.

Erzählen Sie Ihrer Frau nicht, wieviel Ihre letzte Pfeife gekostet hat. Frauen sind es nicht gewöhnt, für ihre Leidenschaften zu bezahlen; deshalb wird sie einen Vormittag darüber nachgrübeln, ob das viele Geld für so ein ›Ding‹ auch wirklich gut angelegt ist.

Man sagt, das Unangenehmste an der Liebe wäre, daß man beim Küssen die Pfeife aus dem Mund nehmen muß. Lassen Sie sich von solch frivolen Anzüglichkeiten nicht dazu verleiten, Ihre Frau schlechter zu behandeln als Ihre Pfeifen.

Glauben Sie auch den Psychoanalytikern nicht, die Ihnen erzählen möchten, die Pfeife sei eine Art von Erotik-Prothese. Das ist der himmelschreiendste Humbug. Für die Erotik gibt es nämlich ebensowenig einen Ersatz wie fürs Pfeiferauchen.

Manche haben ›hinterher‹ eine Art von Heißhunger nach einem Mund voll Tabakrauch. Ich habe für solche Gelüste Verständnis. Klar! Zum Glück ist die Sache gänzlich problemlos. Es genügt, wenn Sie zuvor eine mit Tabak gefüllte

Pfeife, Streichhölzer, Pfeifenstopfer und einen Ascher auf das Nachtschränkchen legen.

Ich empfahl Ihnen schon an anderer Stelle, nicht mit dem Bemühen nachzulassen, mit sich und Ihrer Pfeife in vollkommener Harmonie zu leben. Ein solcher Versuch ist von vornherein zum Scheitern verurteilt, wenn Sie sich nicht auch mit Ihrer Umgebung und den Menschen, die in Hautnähe mit Ihnen leben, in unversehrter Übereinstimmung befinden. Deshalb empfehle ich Ihnen, Ihre Familie und alle Ihre Freunde zu Pfeifenfreunden zu machen.

Adrian van Ostade (1610–1685) · Der Raucher (Radierung)

Ist es einmal mit der Harmonie Essig – dergleichen kommt auch bei netten Leuten zuweilen vor – dann brauchen Sie deshalb noch nicht am Leben zu verzweifeln: Ein Mann mit einer Pfeife im Mund ist nicht allein – und kann nie ganz unglücklich sein.

Dieses Buch wurde für Männer geschrieben, und deshalb werden ihm, nach meiner Erfahrung, die Damen einige Aufmerksamkeit widmen. Die Gelegenheit, ein Anliegen vorzubringen, ist also günstig: Ich bitte Sie, sehr Verehrteste, schenken Sie Ihrem Liebsten keine Pfeifen.

Pfeifenraucher sind Gentlemen, und schon deshalb wird er sich nicht anmerken lassen, wie wenig er das Ding von Pfeife ausstehen kann, das Sie ihm auf den Weihnachtstisch legten. Obwohl es daraus schmeckt wie aus dem Suppentopf einer Blocksbergshexe, wird er in Ihrer Gegenwart mit einem Lächeln daran nuckeln. Mit einem Lächeln freilich, das nicht von dieser Welt ist.

Doch seien Sie gewarnt, meine Gnädigste! Die Enttäuschung schläft nicht. Sie lebt in seinem Unterbewußtsein weiter und eines Tages wird er – ohne die Spur von einer bösen Absicht –, er wird mit einem Hut für Sie nach Hause kommen, mit einem Exemplar, das Sie nicht einmal Ihrer besten Feindin verpassen würden.

Die Beziehungen des Mannes zu seinen Pfeifen sind von ganz besonderer, schwer definierbarer Art. Stören Sie diese Beziehungen nicht, Verehrteste, und unternehmen Sie zu keiner Zeit auch nur den geringsten Versuch, sich einzudrängen.

Wenn Sie ihm durchaus eine Pfeife schenken wollen, dann begleiten Sie ihn zuvor einmal in sein Tabakgeschäft, und beobachten Sie ihn aufmerksam. Durch einen Blick, eine Geste, wird er Ihnen verraten, an welche Pfeife er sein Herz verlieren möchte.

Und diese dürfen Sie ihm selbstverständlich kaufen!

LEKTION X

Es gibt unzählige Tabak-Anekdoten. Eine der hübschesten, die ich kenne, ist diese: Als der große Dichter und Kritiker Gotthold Ephraim Lessing an der herzoglichen Bibliothek in Wolfenbüttel engagiert war, fragte eines Tages ein an seinem Haus vorbeigehender Bürger die Haushälterin – Lessing war zu jener Zeit noch Junggeselle – wie es dem Herrn Hofbibliothekar denn gehe. Übellaunig erwiderte der Hausdrachen: »Er hat nix, er kann nix, er tut nix, aber Pfeifeschmöken tut er den ganzen Tag.«

Leider teilt diese nette Geschichte das Schicksal der meisten Anekdoten: Sie ist nämlich erfunden. Lessing war Nichtraucher! In die Welt gesetzt haben soll den hintergründigen Scherz sein berühmter Zeitgenosse, der bissige Georg Christoph Lichtenberg.

Unsere Einführung in die Welt des Tabaks und der Pfeifen geht zu Ende. Sie haben – ich hoffe, spielend und ohne Examensnöte – gelernt und erfahren, was ein Gentleman braucht, um mit Anstand rauchen zu können und was er tun muß, damit sich ihm das Raucherparadies öffnet. Was noch aufzuzeigen bleibt, sind einige summarische Feststellungen und eine Reihe Ratschläge allgemeiner Art.

Sie haben sich auf das Abenteuer des Pfeiferauchens eingelassen – ich wünsche, daß es Ihnen Spaß macht. Wahrscheinlich haben Sie schon gemerkt, daß außer Pfeife, Ta-

Von Pfeifenzubehör und anderem Drumherum

bak und den paar unentbehrlichen kleinen Utensilien noch etwas mehr dazu gehört, wenn die Sache immer stilgerecht zelebriert werden soll.

Einen Tabaksbeutel für unterwegs haben wir uns schon angeschafft und einen Topf für unseren Hausvorrat ebenfalls. Nun kommt noch das eine und andere dazu, das zwar nicht unbedingt notwendig wäre, aber wiederum auch nicht fehlen sollte. Ich spreche von dem, was die Fachleute ›Raucherbedarfsartikel‹ nennen.

Nehmen Sie sich Zeit beim Einkauf dieser Gerätschaften und denken Sie daran: Sie müssen täglichen Umgang mit ihnen pflegen – und das für lange Zeit! Machen Sie die Augen auf, es sind zum Glück viele gute Kräfte am Werk, die große Anstrengungen unternehmen, den Konsumenten funktionstüchtige und auch von der gestalterischen Seite her akzeptable Artikel zu bescheren.

Je länger wir als Pfeifenraucher praktizieren, ein um so sichereres Gefühl wächst uns dafür zu, was für unser ›Handwerk‹ nützlich ist oder was nur geschaffen wurde, um bei uns auf dem Sideboard zu verstauben. Pfeiferauchen ist eine von Grund auf gediegene Angelegenheit. Die Dinge, die uns mit unserer Leidenschaft verbinden, sollten es auch sein.

Zum Aufbewahren von Tabak, Pfeifen und dem nötigen Handwerkszeug brauchen wir einen festen Platz. Ein Rauchtisch ist nicht überall unterzubringen. Eher findet sich schon für ein Pfeifenschränkchen eine Ecke oder ein Stück Wand zum Aufhängen. Solche Smokers-Cabinets gibt es aus schönen Hölzern gefertigt mit Platz für ein halbes Dutzend Pfeifen oder mehr und Raum für Pfeifenputzer, -schlüssel und die übrigen Kleinigkeiten. Ich plädiere für einen Pfeifenschrank – oder am Anfang auch für ein ›Schränkchen‹ –, weil es nach meiner Erfahrung am praktischsten ist. Schöne Pfeifen, aufgereiht in Ständern, geben jedem Raum zwar eine besondere, männliche und vor allem Damenbesuchen imponierende Note. Aber die Pfeifen stauben ein, sie stehen im Weg, und ist uns der Besuch erst einmal angetraut, findet er unsere Raumdekoration meistens auch nicht mehr so besonders aufregend.

Einen Pfeifenschrank kann sich der handwerklich etwas Begabte auch selbst basteln. Es macht einen Riesenspaß. Denken Sie aber daran – gleichgültig ob Sie nun ein solches Möbel kaufen oder selbst anfertigen: Ihre Pfeifenfamilie bekommt mit den Jahren Nachwuchs, der auch sein Plätzchen haben möchte.

Pfeifenständer sollen so konstruiert sein, daß sie unsere Lieblinge mit dem Kopf nach unten aufnehmen. Das originellste Stück, das ich bisher zu Gesicht bekam, war ein gewöhnlicher Reagenzglashalter, den eine Chemikerin hübsch mit Wildleder bezogen hatte und einem Kommilitonen zum Geschenk machte. So erfinderisch ist Liebe.

In Junggesellenbehausungen, in denen der Platz meistens knapp ist, tut ein an die Wand gehängter Lederriemen mit Laschen zum Einstecken der Pfeifen gute Dienste. Solche Pfeifengürtel sind beim Fachhandel in allen möglichen Ausführungen zu haben.

Der Markt ist voller Möglichkeiten, er ist ständig im Fluß, und wenn auch in Zukunft die guten Gestalter den Ton angeben, haben wir noch viele interessante Lösungen zu erwarten.

Über Pfeifenbestecke haben wir schon gesprochen. Ich möchte Ihnen hier noch eines empfehlen, das ich selbst häufig mit mir führe. Es ist das sogenannte »Myers« Pfeifenbesteck und besteht aus Kratzer, Dorn und Stopfer, die in einer runden Aluminiumhülse untergebracht sind. Zum Gebrauch des Kratzers oder des Dorns werden diese Teile durch einen Schlitz am Ende der Hülse geschoben, die dadurch zur Verlängerung und zum stabilen Griff wird. Ein großer Vorteil dieses Gerätes: Es ist so anständig gemacht und sieht so ordentlich aus, daß man es auch einmal auf einen fremden Tisch legen kann, ohne gleich schief angesehen zu werden.

Alle Rauchgerätschaften dienen der Idee, auf eine bessere, angenehmere und kultiviertere Art zu rauchen. Sie müssen in ihrem Wesen deshalb vom Tabak her bestimmt sein. Ein schön geformtes, schmückendes Gefäß zum Beispiel in guter handwerklicher oder kunsthandwerklicher Verarbeitung kann die Kostbarkeit seines Inhalts unterstreichen und zugleich Zeugnis ablegen für den Geschmack und die Lebensart seines Besitzers.

Andersherum ist die Tabakleidenschaft aber auch keine Tyrannei. Ohne deshalb an eine Genußschmälerung denken zu müssen, braucht niemand mehr an sie zu wenden, als seine Umstände erlauben. Feiner Tabak schmeckt auch aus der Frischpackung oder dem schlichten Taschenbeutel und nicht nur aus dem kostbaren Delfter Porzellankrug.

Wir sprachen schon einmal davon: Am praktischsten, bequemsten und am tauglichsten zum Anzünden der Pfeife sind gewöhnliche Zündhölzer. Bei Sturm und Unwetter

brennen nach meiner Erfahrung Gasfeuerzeuge mit verstellbarer Flamme am besten.

Es gibt bis auf den heutigen Tag noch keine wirklich praktische Spezialpfeife für Autofahrer; dagegen sind brauchbare Pfeifenhalter fürs Auto zu haben.

Eine Lese- oder Fernsehpfeife sollte man sich unbedingt zulegen. Sie wird zwar wahrscheinlich Ihre ›kühlste‹, aber auch eine der amüsantesten und unterhaltsamsten.

Im Wald schmökt auch der passionierteste Raucher nicht.

Sturm oder starker Wind können Pfeifen unter Umständen gefährlich werden. Sie werden überhitzt und brennen, wenn noch keine genügend starke Kohleschicht das Holz im Kopf schützt, durch. Für den Campingfreund gibt es von der Weltfirma Butz-Choquin (Frankreich) entwickelte flache Pfeifenmodelle, die in einer Westentasche Platz haben und deren gebogene Mundstücke um 180 Grad in Richtung auf den Kopf gedreht werden können.

Auf manchen Golfplätzen darf man nur rauchen, wenn die Pfeife ein Deckelchen gegen Funkenflug hat.

Pfeiferauchen ist nach einer Entscheidung des in Deutschland in Anstandsfragen tonangebenden Fachausschusses für Umgangsformen im Allgemeinen Deutschen Tanzlehrerverband auch im Theaterfoyer und auf Schwarz-Weiß-Bällen not shocking.

Für die Taschen des Abendanzuges gibt es Smoking-Pfeifen mit besonders flachem Kopf.

Apropos Smoking: Der kleine Abendanzug war ursprünglich nur eine besondere Jacke zur Frackhose, das sogenannte *dinner jacket.* Es stammt aus jenen längst vergangenen Tagen, in denen die Damen noch die Nasen rümpften, wenn rauchende Herren in der Nähe waren. Um der Weiblichkeit nicht durch die nach Tabak riechenden Kleider auf die schwachen Nerven zu fallen, pflegten die Herren nach dem Dinner den Frack abzulegen und es sich im ›Herrenzimmer‹, wo sie sich das dinner jacket anzogen, rauchend gemütlich zu machen. Um auch das pomadisierte Haar gegen Tabakgeruch zu schützen, trug man eine Rauchmütze, das sogenannte *smoking cap* – eine beliebte Stickerei für junge Damen des Viktorianischen Zeitalters.

Wer eine Pfeife aus dentalen Gründen nicht gut im Mund halten kann, sollte sich mit den sogenannten ›Standpfeifen‹ anfreunden, deren Köpfe an ihrer Basis plan abgeschliffen sind und die dadurch eine Stellfläche haben.

Auf der Reise braucht der Gentleman ein Pfeifennecessaire. Sehr noble Herren führen ein Köfferchen (also doch!) mit sich, die jenen gleichen, in welchem die Staatssäckelmeister die Haushaltspläne ihrer Nationen spazierenzutragen pflegen. Weniger aufwendig, dafür aber praktischer sind Pfeifentaschen, vorzugsweise aus Leder oder hochwertigem Kunststoffmaterial, in denen ein halbes Dutzend oder mehr Pfeifen Platz finden. Achten Sie beim Kauf darauf, daß genügend Täschchen und Fächer für alles was dazu gehört vorhanden sind. Weil wir gerade beim Verreisen sind: Die Tabakspfeife heißt im Englischen *pipe,* im Französischen *pipe,* Italiener und Spanier sagen übereinstimmend *pipa,* und der Russe nennt sie *trubka.*

Wieviel Tabakpfeifen ein Mann besitzen soll, muß oder darf, sind Fragen, die, so oft sie auch gestellt werden, doch stets ohne befriedigende Antwort bleiben. Wahrscheinlich reichte nicht einmal die Weisheit Salomons aus, das Problem zu lösen.

Ein Engländer, dem ich auf der Fähre von Hoek van Holland nach Harwich begegnete und der sich äußerlich in nichts von den übrigen 300 Briten, die das Schiff bevölkerten, unterschied, antwortete auf meine diesbezügliche Frage knapp: »Ein Mensch, der nicht wenigstens 100 Stück besitzt, hat kein Recht, sich Pfeifenraucher zu nennen.« Während er es mit unbewegtem Gesicht hinsagte, nahm er nicht einmal seine Pfeife aus den Zähnen.

Es gibt eine ganze Menge Leute, die mit weit weniger Stücken als jener Gentleman ihr Auskommen finden müssen. Womit denn ein anderesmal bewiesen wäre, daß die Ansichten darüber, was ein Mann braucht und was er haben muß, eben sehr weit auseinandergehen. Zum Glück sind es nicht nur die Millionäre, die in den Raucherhimmel kommen. Ebenso wie sie darf auch der Tabakfreund mit dem Normaleinkommen aller Wonnen teilhaftig werden, die der blaue Dunst zu verschenken hat.

10. Kapitel
Allerlei rund um den blauen Dunst

DIE CHRONIK DES TABAKS

1492 Bei der Entdeckung des neuen Erdteils stoßen Kolumbus und seine Leute auf tabakrauchende Eingeborene.

1519 Die ersten Tabakblätter werden nach Europa gebracht.

1559 Jean Nicot, französischer Gesandter in Portugal, pflanzt Tabak in seinem Garten und schickt Pflanzen und Samen an den königlichen Hof in Paris. Er ist überzeugt, eine neue Zier- und Heilpflanze entdeckt zu haben.

1560 Tabakpflanzen in England und Holland.

1561 Tabakpflanzen in Rom.

1565 Erstes größeres wissenschaftliches Werk über den Tabak von dem Arzt und Lehrer an der Universität Sevilla, Nicolo Monardes. Er zählt eine Reihe von medizinischen ›Anwendungen‹ auf, für die sich die Tabakpflanze anbietet.

1566 Adolf Occo, Stadtphysikus zu Augsburg, bringt Blätter und zum erstenmal auch Samen von Tabak nach Deutschland.

1570 Tabakpflanzen in Österreich und Ungarn.

1570 Der Botaniker Mattias de Lobel veröffentlicht ein Pflanzenbuch, in dem zum erstenmal in Europa eine Tabakpflanze dargestellt ist. Er nennt sie ›Indorum sana sancta‹ = heilende Pflanze der Inder. Der Irrtum, was die Inder betrifft, ist leicht zu erklären: Der Gelehrte war, wie alle Welt damals, davon überzeugt, Kolumbus sei auf seiner Seereise gegen Westen in Ostindien gelandet.

1575 Verbot des Tabakrauchens in den Kirchen Spaniens.

1579 Erste Dissertation über den Tabak an der Universität Basel.

1586 Im Hafen von Plymouth werden die ersten pfeiferauchenden Seeleute gesichtet. Ihr Kapitän Ralph Lane soll den Virginia-Tabak nach England gebracht haben. Am Ende des 16. Jh. kam der Tabak durch portugiesische Seeleute auch nach Indien, Ostasien und wahrscheinlich auch nach Japan.

1603 Jakob I. von England veröffentlicht eine Anti-Tabak-Schrift, den »Misocapnus«.

1607 England gründet die Kolonie Virginia (Virginia = zu Ehren der »jungfräulichen« englischen Königin Elisabeth I.).

1612 Ein Engländer, John Rolfe, bringt Tabaksamen und -pflanzen aus Mittelamerika nach Virginia.

1618 Im Laufe des in diesem Jahr beginnenden Dreißigjährigen Krieges breitet sich die Gewohnheit des Tabakrauchens über ganz Europa aus.

1620 Rauchverbot in Japan.

1624 Bulle Papst Urbans VIII. gegen das Rauchen in den Kirchen von Sevilla.

1628 Erste deutsche Tonpfeifenmanufaktur in Köln.

1634 Rauchverbot in Rußland.

1642 Durch die Unachtsamkeit eines Pfeifenrauchers brennen in Görlitz an der Neiße einhundert Wohnhäuser nieder.

1650 Papst Innozenz X. erläßt eine Bulle gegen das Rauchen in der Peterskirche.

1653 Durch einen kurfürstlichen Erlaß wird der Verkauf von Tabak in Bayern auf die Apotheken beschränkt.

1729 Am 23. August wird einem Bürger von Zweibrücken von Amts wegen »...die Erlaubnis erteilt, auf ein Jahr Tabak zu rauchen«. Die Kosten dieser Genehmigung: 18 Kreuzer.

1743 Erscheint in Leipzig zum erstenmal ein Buch, das sich mit der Frage, ob Frauen rauchen dürfen, auseinandersetzt.

1749 Rauchverbot auf den Straßen, durch den Rat der Stadt Leipzig wegen der großen Brandgefahr.

1757 Rauchverbot während der Fronleichnamsprozession in Köln.

1760 Die Manufakturen in Meißen bringen die ersten Porzellanpfeifenköpfe auf den Markt.

1776 Erste sichere Kunde vom Tabakanbau im Kurfürstentum Preußen.

1776 Der Pfeifenbäcker Nolde aus München konstruiert einen Brennofen, in dem er in sechs bis sieben Stunden 1200 Tonpfeifen »garbacken« kann.

1800 Die Bezeichnung Shag für feingeschnittenen Tabak kommt auf.

1808 Napoleon I. widerruft das während der Revolution ergangene Verbot der Tabakmonopole.

1816 Erstes deutsches »Rauchertheater« in Sonderhausen/Thüringen.

1828 Der Chemiker Posselt und der Arzt Reimann stellen erstmals Nikotin chemisch rein dar.

1831 Während der Choleraepidemie gestatten die Behörden – vorübergehend – das Rauchen auf öffentlichen Plätzen und im Berliner Tiergarten. Erst im Revolutionsjahr 1848 erzwang die Berliner Bevölkerung die endgültige Aufhebung des Rauchverbots in der Öffentlichkeit.

1832 Johann F. Kammerer, in Ludwigsburg, stellt erste brauchbare Phosphorzünder her. Vorläufer des Sicherheitszündholzes (1852). »Sicherheit«, weil die Zündhölzer – anders als die bis dahin üblichen Schwefelhölzer – nur noch an der dafür bestimmten Reibfläche entzündet werden konnten und in den Köpfen keine giftigen Substanzen enthielten.

1844 Die Raucherabteile der Königlich Bayerischen Staatseisenbahn werden mit Aschenbechern ausgerüstet.

1850 Um diese Zeit werden die ersten Bruyèreholzpfeifen in St. Claude (Frankreich) hergestellt. Eine neue Ära des Pfeifenrauchens beginnt.

1851 Antonelli Giacomo, Kardinal-Staatssekretär, erläßt namens der päpstlichen Regierung eine Verordnung, das Tabakrauchen im Kirchenstaat nicht zu behindern.

1900 Tabakgegnerische Organisationen entstehen.

1903 Carl Auer (eigentlich Freiherr von Welsbach) erfindet den Zündstein aus Cereisen (Auermetall) und konstruiert das Reibradfeuerzeug.

1906 Banderolensteuer für Tabakerzeugnisse eingeführt.

1933 Die Nationalsozialisten verkünden: »Die deutsche Frau raucht nicht!«

1939 Tabakwaren werden in Deutschland rationiert. Einführung der Raucherkarte.

1948 Mit dem Frachter »Flying Independent« bringt zum erstenmal nach dem großen Krieg wieder ein Schiff nordamerikanischen Faßtabak (2500 Tonnen) nach Bremen.

1964 Der Terry-Report wird veröffentlicht.

Kurztips für eilige Leser

1. Nehmen Sie sich Zeit! Rauchen Sie mit Ruhe, mit Ruhe und nochmals mit Ruhe. Ziehen Sie stets nur langsam und bedächtig an Ihrer Pfeife, oder noch besser: atmen Sie durch sie. Nehmen Sie die Pfeife ab und zu aus dem Mund.

2. Benützen Sie nur gute, möglichst erstklassige Pfeifen und halten Sie sich mehrere davon. Mindestens vier. Schottische Sparsamkeit beim Pfeifenkauf zahlt sich nicht aus.

3. Benützen Sie nur Mundstücke aus Para-Kautschuk oder gleichwertigem Material. Achten Sie darauf, daß eine neue Pfeife auch zu Ihrem Gesicht paßt. Schauen Sie deshalb, bevor Sie sie erwerben, in den Spiegel.

4. Klopfen Sie Ihre Pfeife nie an harten Gegenständen aus, verleihen Sie sie nicht und stopfen Sie nicht jedes Kraut, das man Ihnen anbietet, in sie hinein.

5. Rauchen Sie nur guten, möglichst erstklassigen Tabak. Suchen und probieren Sie so lange, bis Sie den gefunden haben, den Sie sich erträumen. Sorgen Sie dafür, daß Ihr Handvorrat immer frisch ist und die vom Hersteller mitgegebene Feuchtigkeit behält.

6. Tragen Sic stets ein Pfeifenbesteck und ein paar Pfeifenputzer bei sich. Der Stopfer am Pfeifenbesteck ist beinahe so wichtig wie die Pfeife selbst.

7. Füllen Sie neue Pfeifen zunächst nur zu einem guten Drittel, später halbvoll und allmählich höhergehend schließlich bis zum Rand. Füllen Sie Ihre Pfeife unten lokker und nach oben stetig fester werdend. Neue Pfeifen sind gegen Überhitzung besonders empfindlich. Deshalb nochmals: Langsam und gelassen rauchen.

8. Geben Sie nicht mehr Tabak in die Pfeife, als Sie gerade rauchen wollen. Rauchen Sie jede Pfeife ganz zu Ende und lassen Sie sie vor dem neuerlichen Füllen gut auskühlen. Schieben Sie, bevor sie eine Pfeife weglegen, einen Pfeifenputzer vom Biß her durch Mundstück und Holm bis in den Kopf.

9. Nehmen Sie zum Anzünden Ihrer Pfeife entweder gewöhnliche Zündhölzer oder ein Gasfeuerzeug mit geruchloser Flamme. Wachszündhölzer und Benzinfeuerzeuge sind wegen der meistens auftretenden Geschmacksbeeinträchtigung ungeeignet.

10. Regulieren Sie den Zug Ihrer Pfeife ständig durch leichtes Andrücken des Tabaks mit dem Pfeifenstopfer. Der Zug stimmt, wenn Sie beim Saugen leichten Widerstand verspüren.

11. Drehen Sie das Mundstück nach rechts, also in Uhrzeigerrichtung leicht anziehend *aus* dem Holm und in derselben Drehrichtung, nur diesmal mit etwas Druck, wieder *hinein.*

12. Haben Sie Ihre Pfeife mißhandelt und eine Füllung nicht völlig ausgeraucht, dann entfernen Sie den Tabakrest sofort mit dem stumpfen Pfeifenlöffel. Beim nächsten und übernächsten Male die Pfeife nur zu einem guten Drittel füllen und völlig leerrauchen.

13. Halten Sie Ihre Pfeifen untadelig sauber und raffen Sie sich, in nicht zu großen Zeitabständen, zu einer Generalreinigung auf.

14. Riskieren Sie keine Lungenzüge.

15. Haben Sie Geduld, Geduld und abermals Geduld. Steigen Sie nicht gleich aus dem Anzug, wenn Ihre Pfeife nicht so will wie Sie. Denken Sie daran: Sie erträgt Ihre Zumutungen jahraus, jahrein – duldend und schweigend.

Tabakspfeifenhersteller

Diese Liste gibt Hinweise. Daß sie vollständig ist, halte ich für unwahrscheinlich.

Deutschland

Pfeifen-Studio Hubert Hartmann

Erich Heikaus KG

Henric's Oldenkott sen. & Comp.

Robert Maderholz

A. Schum Söhne Gesteckpfeifen / Jägerpfeifen / Studentenpfeifen / Ulmer Pfeifen nach alten Vorlagen

Vauen Tabakspfeifen aus Bruyèreholz, alle mit Dr. Perl-Trockenrauch-Filtereinlagen

Ingo Garbe Ausschließlich kunsthandwerklich geformte Einzelstücke

Karl-Heinz Joura Nur exquisite Stücke in Handarbeit

Dänemark
Eric Anderson / Svend Bang / Bari / Bjarne / Age Bøgelund / Chonowitch / Jarl / Georg Jensen / Königlich Kopenhagen (Porzellan) / W. Ø. Larsen / Ove Lindall / Bent Nielsen / Nording / Anne Rasmussen / S. R. Rasmussen / Stanwell / Svendborg / Thurmann

Frankreich
BC Butz-Choquin / Boston / Chacom / Chapel / Genod / Graco / Jeantet / Lacroix S. A. / T. Lacroix / Dr. Plumb / C. Romain Ropp / Vuillard / Yves-St. Claude

Großbritannien
Barling / Falcon / Willmer
Dunhill-Gruppe: Charatan / Dunhill / Masta / Parker / Ben Wade
A. Oppenheimer-Gruppe: BBB / Civic / Comoy's of London / GBD / Loewe / Orlik / Dr. Plumb's / Prince of Wales
Insel Man: Laxey Pipes (Block-Meerschaum)

Japan
Tsuge

Irland
Peterson

Italien
Ardor / Brebbia / Caminetto / Gardesana / Gigi Gasparini / Lorenzo / Raganella / Rossi / Rovera / Santambrogio / Savinelli / Segherte Toscana / Talamona / Tagliabue

Niederlande
E. Gubbels / ZENITH (Ton, Keramik, Porzellan)

Österreich
Bauer (Meerschaum)

Schweden
Brilon

Tansania
Tanganyika Meerschaum Corp.

USA
Dr. Grabow / Kaywoodie / Medico

Bedeutende Sammlungen von Pfeifen und Rauchgeräten

Bremer Landesmuseum für Kunst- und Kulturgeschichte, mit der Sonderschau »Das Tabakkollegium« (Sammlung Brinkmann)

Deutsches Tabak- und Zigarrenmuseum, Bünde/Westfalen

Münchner Stadtmuseum (Porzellanpfeifen)

Sammlung H. F. und Ph. F. Reemtsma, Hamburg

Museum der Austria Tabakwerke, Wien

Museum der Confrèrie des Maîtres Pipiers, Saint-Claude (Jura), Frankreich

Stedelijke Museum Moriaan, Gouda/Holland

Niederländisches Tabakmuseum Niemeyer, Groningen/ Holland

Britisches Museum, London

Dunhill Museum, London

House of Pipes, Bramber/Sussex GB

Tabak-Zeitschriften

In Deutschland sind folgende Fachzeitschriften beim Verlag »Die Tabak Zeitung« in Mainz erhältlich:

PIPE CLUB, PIPE & CIGAR und EUROPEAN CIGAR CULT JOURNAL

Tabak-Englisch

Die Fachsprache des Pfeifenrauchers ist englisch. Der Umstand ist aus der Geschichte des Tabaks leicht erklärbar. Aber auch wenn dem nicht so wäre, dürfte keine andere Sprache dem Englischen den Rang streitig machen; denn noch immer ist Ihrer Majestät Vereinigtes Königreich das erste Pfeifenraucherland der Erde.
Einige der gebräuchlichsten Fachbegriffe sind hier zusammengestellt und für den Sprachunkundigen durch Ausspracheerläuterungen ergänzt.

TABAK

Begriff	Aussprache	Erklärung
Virginia	wirdschínja	ursprünglich aus dem US-Staat Virginia stammende Tabaksorte
Burley	börli	Basis-Tabak für Mischungen amerikanischen Geschmacks
Kentucky	kenntácki	ursprünglich aus dem US-Staat Kentucky stammende Tabaksorte
Maryland	märiländ	aus dem US-Staat Maryland stammende Tabaksorte
Perique	periék	Würztabak
blend	blend	Mischung
shag	schäg	Feinschnitt für Pfeifen mit kleiner Kopfbohrung oder zum Selbstfertigen von Zigaretten
mixture	míxtschör	Pfeifentabak-Mischung mit individueller Note
american mixture	emmäricken míxtschör	Pfeifentabak-Mischung amerikanischer Geschmacksrichtung
english mixture	ínglisch míxtschör	Pfeifentabak-Mischung englischer Geschmacksrichtung
shag-mixture	schäg míxtschör	Pfeifentabak-Mischung in der international bevorzugten, bei 1 mm liegenden Schnittbreite

TABAK		
Begriff	Aussprache	Erklärung
extra mild	extra maild	besonders mild im Geschmack
mild	maild	mild im Geschmack
strong	strong	kräftig im Geschmack
medium	miedium	nach keiner Seite besonders betonter Geschmack
cavendish	käwendisch	Branchenübliche Charakterisierung für Pfeifentabake, die nach einem Spezialverfahren verarbeitet werden, wodurch eine völlige Aufschlüsselung des Aromas erzielt wird
bird's eye	börds ai	Vor dem Schnitt nicht entrippter Rauchtabak (zumeist englischer Preßtabak), dessen Aussehen durch die hellfarbigen Rippenquerschnitte an ›Vogelaugen‹ erinnert
fine cut	fain katt	haarfeine Schnittbreite
medium cut	miedium katt	mittlere Schnittbreite
flake cut	fläik katt	in dünne Scheiben geschnittener Preßtabak
crimp cut	krimp katt	›Kräusel‹-Schnitt; kurzgeschnittener Preßtabak
curly cut	köhrli katt	in Scheiben geschnittener, entrippter dünner Strangtabak

Begriff	Aussprache	Erklärung
granulated	gránjuläitid	›gekrönt‹; zweifach (über Kreuz) geschnittener Preßtabak
ready rubbed	räddi rabbd	Flake cut, der in einer Wirbeltrommel zu pfeifengerechten Tabak»flocken« zerlegt wurde

PFEIFEN		
Begriff	Aussprache	Erklärung
pipe	paip	Pfeife (auch als Vor- oder Nachsilbe für alle kombinierten Worte wie z. B. Pfeifenkopf, Pfeifenholm, Meerschaum-Pfeife, Bruyère-Pfeife etc.).
material	metíerijl	Material, Grundstoff (Bezeichnung für Materialart, nicht Verarbeitungsweise)
briar	braier	Bruyèreholz
real briar	riejel braier	›Echt Bruyère‹ (Garantiebezeichnung für Materialechtheit)
aged briar	äidschd braier	gut abgelagertes und zusätzlich gehärtetes Bruyèreholz
seasoned briar	ssiesnd braier	industriell konditioniertes Bruyèreholz
grain	gräin	Maserung (des Holzes)
straight grain	sträit gräin	geradlinige Maserung
root briar	ruht braier	Wurzelkern-Bruyère (besonders hart)
meerschaum	meerschaum	Meerschaum
meerschaum lined	meerschaum laind	Meerschaumfutter
bamboo	bämbúh	Bambus
cherry	tschérri	Kirschholz
corn cob	korn kobb	Maiskolben

		PFEIFEN
Begriff	Aussprache	Erklärung
clay	kläi	Ton
clay lined	kläi laind	Tonfutter
featherweight	fäßerwäit	›Federgewicht‹ (Zusatz bei besonders leichten Pfeifen)
vulcanite	wóllkanait	Hartgummi
deer horn	dier horn	Horn
amber	ämber	Bernstein
pipe bowl	paip boul	Pfeifenkopf
pipe stem	paip stemm	Pfeifenholm
mouthpiece	maußpiess	Mundstück
peg	pegg	Steckzapfen am Mundstück
snap-proof-peg	snäpp-pruhf-pegg	bruchsicherer Steckzapfen
lip	lipp	Biß (am Mundstück)
flatlip	flättlipp	sehr flacher Biß
dental	denntel	Spezialmundstück für Zahnprothesen-Träger
cooling system	kuhling ssisstem	Mundstückseinlage, die dazu dient, kühl und trokken zu rauchen
spiral system	spairel ssisstem	Kühlspirale
finish	finnisch	Oberflächenbearbeitung
sandblasted	sändblästid	sandgeblasen, sandgestrahlt
rusticated	rástikäitid	Sandstrahl-Imitation (gefräst oder geschnitzt)
leather covered	läßer káwwerd	lederbezogen

PFEIFEN		
Begriff	Aussprache	Erklärung
hand sculptured	händ skálptscherd	hand-geschnitzt
hand cut	händ katt	handgearbeitet
carbonized bowl	káhrbenaisd boul	industriell aufgetragene Einrauchschicht im Pfeifenkopf
shape	schäip	Form, Fasson, Pfeifen-modelle
unique	juníek	Einzelanfertigung, Modell-ausführung
London	lonndn	London-Kopf
Billiard	bílljerd	Billard-Kopf
Prince	prinss	Prince-Kopf
Dublin	dábblin	Dublin-Kopf
Tomato	tomäto	Tomaten-Kopf
Ball	bóll	Kugel-Kopf
Apple	äppl	Apfel-Kopf
Lovat	láwwet	Lovat
Pot	pott	Pot
Stand-up poker	stånd-app-pouker	Stand-up poker, Standpfeife
Churchwarden	tschörtuorden	Churchwarden (Lesepfeife, Fernsehpfeife)
Bent	bennt	Bent (kurze Hängepfeife)
Bent Albert	bennt óllbert	Bent Albert
Bullcap	búllkäpp	Bullcap oder Haiti-Form

Begriff	Aussprache	Erklärung
Bulldog	búlldogg	Bulldog, Golf-Pfeife
junior size	dschúhnior ssáis	klein
medium	miedium	mittelgroß
large	láardsch	groß
giant	dscháient	übergroß
pocket pipe	pokket paip	Taschenpfeife
flat stemmed	flätt stémmd	mit flachem Holm
round stemmed	ráund stémmd	mit rundem Holm
oval stemmed	óhwel stémmd	mit ovalem Holm
saddle mouth-piece	ssäddl máußpiess	Sattel-mundstück
fishtail mouth-piece	fischtäil máuß-piess	Fischschwanz-mundstück
London made	lonndn maid	›in London hergestellt‹ (handelsübliche Garantie-bezeichnung für original englische Pfeifen)
London Style	lonnd stail	von nicht-englischen Fabrikanten benutzte Bezeichnung, die die allgemeine Ausrichtung nach englischer Form- und Qualitätsvorstellung andeuten soll.

ZUBEHÖR		
Begriff	Aussprache	Erklärung
tobacco pouch	tobäcko pautsch	Tabakbeutel
roll-up	roulap	Tabak-Rollbeutel
airtight	ährtait	luftdicht (verschlossen)
leather	lähßer	Leder
pigskin	pïgskinn	Schweinsleder, schweinsledern
soft leather pochette	sofft lähßer poschétt	Pfeifenbeutel aus weichem Leder (meist Wildleder)
smoker's cabinet	smohkers käbinett	Pfeifenschrank (mit Tabakfach und Utensilienablage)
travel case	träwel käiss	Pfeifen-Etui für die Reise (mit Ausstattung für Zubehör)
seven day set	sewwen däi sett	großes Etui für 7 Pfeifen (für jeden Tag eine!)
tobacco jar	tobäcko dschahr	Tabaktopf
glazed pottery	gläisd pótteri	Steingut (als Tabaktopfmaterial)
pipe rack	paip räck	Pfeifenständer (für mehrere Pfeifen)
smoker's companion	smohkers kompännjen	Pfeifenbesteck
pipe scraper	páip skräiper	Pfeifenkratzer
adjustable carbon cutter	ädschástebbl káhrben kätter	verstellbarer Pfeifen-›Schlüssel‹ (zur Reduzierung der Kohleschicht im Pfeifenkopf)

Begriff	Aussprache	Erklärung
pipe cleaner	paip kliener	Pfeifenreiniger
ash tray	äsch träi	Aschenbecher
pipe lighter	paip laiter	Feuerzeug
pocket lighter	pockett laiter	Taschenfeuerzeug
table lighter	täibl laiter	Tischfeuerzeug
flints	flinnts	Feuersteine
wick	uick	Docht
lighter fluid	laiter fluid	Feuerzeugbrennstoff
pipe glove	paip glaw	Pfeifen-›Handschuh‹; auf Paßform gearbeiteter Pfeifenbeutel
taffeta silk bag	táffeta ssilk bäg	rein seidener Pfeifenbeutel

Quellenverzeichnis

Almanach d. Tabak-Zeitung 1957/61, Mainz
Aschenbrenner, H.: Tabak von a–z (Bremen 1966)
Balde, J.: Die truckene Trunkenheit (Nürnberg 1658)
Beutin, L.: Drei Jahrhunderte Tabakhandel (1937)
Boerner, A.: Kölner Tabakhandel 1628–1910 (Essen 1916)
Böse, Gg.: Vom Rauchen und vom Rauchtabak (Leipzig 1938)
Dietze, G.: Tabakfachbuch (Leipzig 1953)
Eismann: Die Tabakpfeife… (Berlin 1917)
Hochrain, H.: Das große Buch des Pfeifenrauchers
Hochrain, H.: Das Lexikon des Pfeifenrauchers
Helmut Hochrain's neues Pfeifenbuch (alle bei W. Heyne Verlag GmbH & Co. KG, München)
Krüger, R.: Gedanken vom Caffe, Thee, Tabak + Schnupftabak (Halle 1746)
Kulemann, J.: Vom Tabak… (Köln 1936)
Lehmann, A.: Blauer Dunst macht Weltgeschichte (Leipzig 1939)
Likint, F.: Tabak und Organismus (Stuttgart 1941)
Pezold, A., u. a.: Das Buch vom Tabak (Fraumünster 1946)
Satzungen des Bundes der Tabakgegner (Dresden 1917)
Schranke, M.: Tabak Anekdoten (Cöln 1914)
Stanger: Tabak + Kultur (München 1913)
Tabak das beliebte Kräutlein von J. G. H. (Chemnitz 1719)
Tabak Historie (Frankfurt 1684 bei D. Pauli)
Der Tabak in Kunst und Kultur (Köln 1911 bei J. Feinhals)
Taschenbuch zum Nutzen und Vergnügen von Tabakrauchern (Regensburg 1800)
Wendel, V.: Pegasus in Tabakswolken (Leipzig 1934)
u. a.

Bildnachweis

Fritz Meyer-Roland 24, 25, 32, 33, 34, 35, 36, 37, 38

Hannes Fleischer 39

Heinz Osthoff 80, 82, 83, 101, 111, 114, 115, 129

Theodorus Niemeyer 145

Hufnagel/DERESO 159

Für die Aufmacherseiten der Lektionen I–X
wurde eine Zeichnung von Heinrich Hoerle (1895–1936)
›Selbstbildnis mit Pfeife‹ verwendet.

Die Illustrationen im Text stammen aus dem Archiv des Autors.

Register